私隱法·保

香港個人資料私隱專員公署

香港個人資料私隱專員公署（私隱專員公署）是一個獨立機構，負責監察香港法例第486章《個人資料（私隱）條例》（《私隱條例》）的實施及符規情況。私隱專員公署致力透過監察及監管各界人士遵從《私隱條例》的規定，執行《私隱條例》及推廣保障和尊重個人資料私隱的文化，確保市民的個人資料私隱獲得保障。

私隱專員公署於1996年8月成立，其工作由個人資料私隱專員負責。私隱專員公署設有多個部門，包括投訴部、刑事調查部、合規及查詢部、法律部、環球事務及研究部、企業傳訊部及企業支援部。

地址：香港灣仔皇后大道東248號大新金融中心13樓1303室

電話：2827 2827

傳真：2877 7026

電郵：communications@pcpd.org.hk

網址：www.pcpd.org.hk

編輯委員會

總編輯　　鍾麗玲 香港個人資料私隱專員

副編輯　　蕭穎思 助理個人資料私隱專員（法律、環球事務及研究）

　　　　　廖雅欣 環球事務及研究部總監

編輯委員　法律部：黃寶漫、吳凱欣

　　　　　環球事務及研究部：李凱寧、陳筠朗

私隱法・保

了解你的 個人資料私隱

鍾麗玲

香港個人資料私隱專員

———

編著

香港城市大學出版社
City University of Hong Kong Press

PCPD HK
香港個人資料私隱專員公署
Office of the Privacy Commissioner
for Personal Data, Hong Kong

本書部分圖片承蒙下列機構及人士慨允轉載，謹此致謝：

香港個人資料私隱專員公署（頁134）
Getty Images: andreusK (p. 11), BrianAJackson (p. 139), Bussarin Rinchumrus (p. 73), Galeanu Mihai (p. 21), gorodenkoff (p. 66), kazuma seki (p. 213), mediaphotos (p. 34), metamorworks (p. 120), monkeybusinessimages (p. 204), Ole_CNX (p. 189), Pheelings Media (p. 96), Prostock-Studio (pp. 13, 207), RayaHristova (p. 219), Sritakoset (p. 26), undefined undefined (p. 38), Urupong (p. 215), Userba011d64_201 (p. 210), vchale (p. 48)
Shutterstock: Alois Oscar (p. 107)

本社已盡最大努力，確認圖片之作者或版權持有人，並作出轉載申請。唯部分圖片年份久遠，未能確認或聯絡作者或原出版社。如作者或版權持有人發現書中之圖片版權為其擁有，懇請與本社聯絡，本社當立即補辦申請手續。

免責聲明

本書所載的資訊只作一般參考用途，並非為《個人資料（私隱）條例》（《私隱條例》）的應用提供法律或其他方面的專業意見。有關《私隱條例》的詳細及明確內容，請參閱《私隱條例》的本文。香港個人資料私隱專員並沒有就本書內所載的內容和資訊的準確性或就個別個案的適用性作出明示或隱含保證。相關資訊和建議不會影響私隱專員行使專員在《私隱條例》下的職能及權力。個別機構或人士若有需要，應尋求專業的意見。

國際統一書號：978-962-937-670-3
出版

香港城市大學出版社
香港九龍達之路
香港城市大學
網址：www.cityu.edu.hk/upress
電郵：upress@cityu.edu.hk

©2023 City University of Hong Kong
The Treasure-trove of Privacy — Understanding Your Personal Data Privacy
(in traditional Chinese characters)
ISBN: 978-962-937-670-3
Published by

City University of Hong Kong Press
Tat Chee Avenue
Kowloon, Hong Kong
Website: www.cityu.edu.hk/upress
E-mail: upress@cityu.edu.hk
Printed in Hong Kong

目錄

第 7 章　投訴有門

第 8 章　重要個案分析

第 9 章　私隱保障趨勢

第 10 章　保護私隱精明貼士

附錄

序一

黃崇厚
香港高等法院原訟法庭法官

　　個人資料私隱專員公署一直致力推廣尊重和保障個人資料私隱，積極宣傳《個人資料（私隱）條例》（《私隱條例》）。2017年，私隱專員公署與香港城市大學出版社出版《注意！這是我的個人資料私隱》，詳盡地介紹了《私隱條例》，並有效地教育市民如何保護個人資料。

　　近年，隨着資訊科技（包括大數據、雲計算、人工智能等）的高速發展，使用網絡已經成為每一個市民生活不可或缺的一部分，由此而產生的個人資料私隱風險亦隨之增加。網絡的資料外洩（可因保安漏洞、黑客入侵、勒索軟件而起）往往涉及龐大的資料數量，影響人數眾多。因此，進一步提升大眾對使用網絡而帶來的個人資料私隱風險的認識，至關重要。

現在，私隱專員公署與香港城市大學出版社再次合作，適時出版此書，除了闡述個人資料私隱的重要性、解說《私隱條例》中包括六項保障資料原則的主要規定及其主要豁免條款外，更加入以下內容：為針對「起底」行為而修訂的刑事法規、因應科技發展對個人資料私隱的衝擊、私隱保障法律的未來發展，以及如何在社交媒體及網上保護私隱的貼士等。編者亦更新了不同的真實個案和法庭判例，文字淺白，手法輕鬆，令大眾容易閱讀明白。

總括來說，此書清晰概述了保障及尊重個人資料私隱的重要，以及如何在當今資訊科技快速發展下能適當地保障個人資料私隱，對一般大眾和所有個人資料使用者均有很大參考作用。

黃崇厚法官
香港高等法院原訟法庭法官
2023 年 7 月

序二

朱國斌

香港城市大學法律學院教授

隨着資訊科技發展日新月異，資訊即時快速流通，保障個人資料私隱近年成為大眾與學界廣泛討論的議題。全球保護私隱發展方向都是以加強保障個人資料私隱、規管其使用為大前提，例子包括2018 年在歐洲聯盟地區生效的《通用數據保障條例》，以及 2021年中國實施的《個人信息保護法》。

在這前提下，加上數碼化社會大趨勢，香港各界對個人資料私隱的重視有增無減。本書緊貼私隱發展的趨勢，以生動的日常生活例子、行政上訴委員會和法庭的個案分析，闡述《個人資料（私隱）條例》（《私隱條例》）的要求和適用範圍，內容包括近年不少焦點議題，例如使用大數據、社交媒體平台、人工智能等帶來的私隱風險。透過本書，我相信不論是公眾或業界人士都能夠進一步了解《私隱條例》的規定，更充分掌握保障個人資料私隱的要點，這對整體推廣保障和尊重個人資料私隱的文化將發揮極大的作用。

香港城市大學出版社一直以來都十分關注保障個人資料私隱這重要議題。個人資料私隱專員公署（「私隱專員公署」）與香港城市大學出版社於 2017 年合作出版關於個人資料私隱的中文書籍《注意！這是我的個人資料私隱》，得到非常正面的評價。2020 年，私隱專員公署與香港城市大學出版社再次攜手更新及出版另一部闡述《私隱條例》規定的英文書——*Personal Data (Privacy) Law in Hong Kong — A Practical Guide on Compliance*，也廣受學者及業界人士歡迎。我很高興見證私隱專員公署與香港城市大學出版社繼續合作，聯袂出版《私隱法・保——了解你的個人資料私隱》這本新作。

　　我很榮幸獲私隱專員之邀為本書撰寫序言，向廣大讀者推薦這部內容充實及極具參考價值的書籍。我誠邀各讀者細閱本書，一起探討與我們生活息息相關的各項個人資料私隱議題，更深入了解《私隱條例》的有關規定，令我們在數碼新世代中，善用科技之餘，亦不忘保障每個人的個人資料私隱。

朱國斌教授

香港城市大學法律學院教授
2023 年 7 月

自序

鍾麗玲
香港個人資料私隱專員

　　香港法例第 486 章《個人資料（私隱）條例》（《私隱條例》）自 1996 年起實施，是亞洲首部專門和全面地保障個人資料私隱的成文法。香港個人資料私隱專員公署（私隱專員公署）作為監察《私隱條例》的實施及符規情況的獨立機構，自 1996 年成立以來，一直致力確保市民的個人資料私隱獲得充分的保障。私隱專員公署不但透過處理投訴、查詢、資料外洩事故通報、調查和執法行動，促進社會各界遵守《私隱條例》的規定，還進行推廣、宣傳和教育的工作，提升大眾對個人資料私隱保障的意識和了解。

　　我相信，將私隱法律普及化，將保障和尊重個人資料私隱孕育成社會的核心價值，確保《私隱條例》有效地執行，是私隱專員公署的使命。為了進一步推廣《私隱條例》的要旨及保障範圍，私隱專員公署與香港城市大學出版社於 2017 年出版了第一本關於保障個人資料私隱的中文書籍《注意！這是我的個人資料私隱》，深受廣大讀者歡迎。

過去數年，香港社會經歷了多項重大變化，包括自 2019 年中開始，因政見不同的大規模「起底」行為，2019 冠狀病毒病疫情肆虐，以及社交媒體及新興科技的迅速發展，這些變化都為保護個人資料私隱的工作帶來了巨大的挑戰。

當中，近年社會上興起的「起底」行為，將個人資料「武器化」，把別人以至其家人的個人資料在互聯網及公眾地方發布，以達到傷害他人的目的，更可說是挑戰了法律及道德的底線！為了打擊「起底」行為，政府於 2021 年修訂《私隱條例》，包括引入兩級制的「起底」罪行、就「起底」罪行賦予個人資料私隱專員（私隱專員）刑事調查和檢控的權力，以及賦予私隱專員要求停止披露涉及「起底」的訊息的法定權力。自「起底」條文於 2021 年 10 月 8 日生效至今，私隱專員公署已在打擊「起底」方面取得正面成果，包括對「起底」個案作出刑事調查及拘捕違法者，在網上平台適時移除「起底」訊息，以及加深市民對新條文的認識。我很高興這一年多的執法工作已經具體說明公署打擊「起底」的工作並無影響言論自由或科技企業在香港的合法營運。

因應上述《私隱條例》的修訂，本書第 6 章詳細闡述 2021 年修訂《私隱條例》的背景、相關的法庭判決及修訂條例的範圍，有關章節亦回顧了私隱專員公署在打擊「起底」個案方面作出了哪些跟進行動。

我和公署一眾同事都相信，編寫有關保障私隱的書籍可以有效地向廣大讀者介紹《私隱條例》的規定及令大家了解《私隱條例》所賦予的權利。參考了我們在過去五年多的工作，隨着香港社會踏上復常之路，我相信現在是撰寫及出版第二本中文書的良好時機。

我們在書中加入了近年有關保障個人資料私隱的議題，以深入淺出的手法，日常生活的例子，以及最新的案例，多角度解釋法例

及相關條文，務求令讀者，無論是個別人士或機構，更易掌握《私隱條例》的規定和實施情況。

對於由遏止 2019 冠狀病毒病傳播的措施所引起的一系列私隱議題，私隱專員公署提供了全面的意見及指引，我們在第 5 章有關公眾健康的豁免章節中以「安心出行」及「疫苗通行證」作例子解釋相關豁免的範圍；又在第 4 章中以食肆登記顧客個人資料為例，闡述資料保安的保障資料原則。

隨着資訊科技的使用日益廣泛，機構經常收集大量個人資料，網絡攻擊的個案在近年亦顯著增長，導致個人資料外洩的風險有所增加。為加強機構對資料保安及相關保障資料原則的認識，本書第 4 章以不同的資料外洩事故例子作為借鑑個案，從多方面分析機構的責任及符規要求，同時在第 9 章重點介紹設立個人資料私隱管理系統的重要性。

第 9 章可説是本書另一亮點。第 9 章論述環球私隱保障的趨勢，分析大數據、生成式人工智能、元宇宙等對個人私隱所帶來的衝擊，亦剖析了私隱保障法律的未來發展。

為了讓廣大讀者了解在日常生活中如何保障個人資料私隱，本書在第 10 章及附錄二就各種實際生活情況，包括近年受社會關注的網上追蹤、在家工作和閉路電視及航拍機的使用等，為讀者提供保護私隱精明貼士。

本書由資料搜集、研究、內容草擬，至成功出版，全賴私隱專員公署同事的共同努力。基於本書的主要對象是廣大讀者，我們致力以淺顯、易明、有趣味的方式闡釋法律和案例。我感謝同事們的付出，尤其是編輯委員會各成員。我亦特別感謝王亦媛女士及張蘭詩女士孜孜不輟地進行最後審核及校對的工作。

此外，得到香港高等法院原訟法庭黃崇厚法官及香港城市大學法律學院朱國斌教授分別為本書撰寫序言，我深感鼓舞及榮幸，也衷心感謝黃法官及朱教授對私隱專員公署工作的支持。而香港城市大學出版社的編輯團隊，於極短的時間內為本書進行排版、彙圖、設計等工作，增加本書的可讀性和趣味性，我亦銘感五內。

本書的書名是《私隱法・保——了解你的個人資料私隱》，我希望這本書可以成為廣大讀者的「私隱法寶」，令大家增加對私隱「法」例的認識及解除迷思的同時，亦可以更好的「保」障自己的個人資料私隱，為構建「數字中國」、「數字灣區」及「數字香港」作出貢獻！

鍾麗玲大律師

香港個人資料私隱專員

2023 年 7 月

第 1 章

導論

個人資料私隱　自己作主話事

　　你好！你被隨機抽中參加我們公司的電話問卷調查，為答謝你抽空參加是次調查，完成後你只要提供簡單的個人資料，我們便會送你 300 元超市禮券⋯⋯

　　喂！好久不見了，最近忙甚麼呀？我是誰？你不會連我都認不出吧⋯⋯對了，我就是 xxx⋯⋯

　　你是 xxx 嗎？這是警務處來電，現在通知你，你涉嫌與一宗內地洗黑錢的案件有關，你必須跟從我的指示去做，配合調查⋯⋯

　　以上的電話騙案情節並不陌生，你或你的朋友或許曾經收到這類電話，更「專業」的騙徒甚至可以說出你的個人資料如姓名和身份證號碼，再引導你進入指定的網頁，向你出示載有你照片及其他個人資料的「拘捕令」。看到這裏，你或許會覺得這是已過時的技倆，但騙徒重施故技，往往能令受害人墮入騙局！或許你永遠想不通騙徒如何取得你的個人資料，正如你從不認為自己曾向不相干的人披露了自己的個人資料。

　　要保障你的個人資料免被不當使用，不能單靠坊間的非官方網站或應用程式協助你「核實」來電，而是要從提升保護個人資料私隱的意識開始！通過了解相關法例和個人權利，掌握精明貼士，然後應用於日常生活各個範疇，大前提是「個人資料私隱，自己作主話事！」

私隱權

　　甚麼是「私隱」？銀行戶口裏的存款金額？手提電話內的資料？沒人干擾的房間？一般來說，私隱權可分為四大類別：（一）「資

訊私隱」——例如你不會預期你的薪金會在發薪通知傳遞過程中被某些「熱心人士」知悉，繼而成為同事間的「公開資料」；（二）「地域私隱」——像你的鄰居不能隨意進入你的居所；（三）「人身私隱」——想像一下被人跟蹤的滋味就明白了；及（四）「通訊及監察私隱」——信用卡月結單的信件被家人「無意地」拆開了……你懂的。

本書所談論的主要是《個人資料（私隱）條例》[1]（「**《私隱條例》**」）下保障的「資訊私隱」，即是你的個人資料，須按《私隱條例》所規定的原則被收集、持有、處理和使用。

《私隱條例》的立法背景

1994 年，香港法律改革委員會發表《有關保障個人資料的法律改革》報告書，建議採納國際公認的保障個人資料原則[2]，制定專門保障「資訊私隱」、並適用於公私營機構（包括政府）的法律。有關建議獲政府接納，並於 1995 年制定《私隱條例》，主要條文於1996 年 12 月 20 日正式生效。香港個人資料私隱專員公署（「**私隱專員公署**」）亦於同年成立，主要職能為監察及監管各界人士遵從《私隱條例》的要求、執行《私隱條例》及推廣保障和尊重個人資料私隱的文化，以及確保市民的個人資料私隱得到保障。**香港也**

1　香港法例第 486 章。

2　法律改革委員會的建議是以經濟合作及發展組織的《保障私隱及個人資料跨境流通指引》為基礎，有關指引就以下各方面定下原則：限制收集、資料質素、指明目的、限制使用、保障安全、處事公開、個人參與及承擔責任。其時歐洲共同體委員會亦就如何保障個人資料發表了類似且在某方面更進一步的《指令草擬本》，法律改革委員會擬定其建議時，亦有論及經修訂的《指令草擬本》。除以上國際公認的保障個人資料原則外，法律改革委員會同時考慮了適用於香港的人權法律是否足夠，例如透過制定《香港人權法案條例》（香港法例第 383 章）而納入香港本地法律內的《公民權利和政治權利國際公約》。

**成為亞洲首個地區，就保障個人資料私隱全面立法，以及設有獨立
於政府的監管機構。**

《私隱條例》旨在保障個人（資料當事人）在個人資料方面的
私隱權，並以六項保障資料原則為基礎，涵蓋個人資料由收集、保
存、使用以至銷毀的整個生命周期。《私隱條例》中亦列明個人資
料私隱專員（「私隱專員」）的職能及權力、處理投訴和調查、豁
免遵守保障資料原則的情況，以及相關的刑事罪行。

《私隱條例》自 1996 年實施後，資訊及通訊科技高速發展，
為我們的生活帶來更多方便的同時，亦對個人資料的保障帶來新的
挑戰。因此，政府在 2012 年修訂了《私隱條例》，擴大私隱專員
的執法權力、提高罰則、加入新的罪行條文，以及因應 2010 年發
生的「八達通事件」[3]而加入了針對使用個人資料作直接促銷用途的
新規定。另一方面，為了平衡個人資料私隱與其他權益，經修訂的
《私隱條例》亦加入了新的豁免條文。

自 2019 年年中，侵犯個人資料私隱的「起底」行為日益猖獗，
很多個人資料被「武器化」，觸及道德和法律的底線，並對受害者
及其家人造成極大傷害。為打擊有關行為，《私隱條例》於 2021
年進行了另一次主要修訂，將「起底」行為訂為刑事罪行，當中包
括賦予私隱專員法定權力發出停止披露通知，要求停止或限制披露
「起底」訊息，同時賦予私隱專員權力就「起底」個案進行刑事調
查和提出檢控，以加強對「起底」個案的執法力度。

3　見本書第 4 章「六項保障資料原則」。

捍衛及尊重私隱

問問自己：是否熱衷於「打卡」、「自拍」及上載相片至社交網站和「朋友」分享？又曾否被人「起底」呢？

保障及尊重個人資料私隱，要從源頭着手。本書會為你提供精明貼士，教你如何保護自己的個人資料的同時，也不要忘記保障、尊重他人的個人資料。**法律條文是冷冰冰的，日常例子卻是活生生的。**本書會以深入淺出的方法，附以大量真實及有趣的個案，讓你認識甚麼是「個人資料」、誰是「資料使用者」、六項保障資料原則的要求和主要豁免情況。此外，本書特別揀選了五個範疇——人力資源管理、物業管理、直接促銷、在家工作，以及閉路電視及航拍機——探討當中常見的個人資料私隱問題。假如你的個人資料被濫用，你可以向誰投訴？你的投訴理據充分嗎？可以向違法者追討賠償嗎？本書會一一為你解答。

你或許會懷疑，在這個講求資訊流通的人工智能時代，保障「資訊私隱」是否只屬紙上談兵？本書希望幫助讀者認識海外相關法例及保障個人資料的未來趨勢，讓你不致迷失於資訊泛濫的洪流當中，更會以曾獲傳媒廣泛報道的幾個重要個案，包括國泰航空乘客資料外洩事故、新「起底」罪行的首次判刑、電視藝人被「狗仔隊」偷拍家中狀況等事件，讓你學懂如何捍衛及尊重個人資料私隱，清楚認識到相關做法在《私隱條例》下是絕不容許的。

第 2 章

甚麼是「個人資料」

陳先生：「原來住樓上的張先生一家確診了新型冠狀病毒病呀！」

陳太太：「雖然你日常出入都有跟張先生他們打招呼，但你們不算熟稔，你怎麼知道張先生一家確診了呢？」

陳先生：「管理處剛在樓下大堂張貼通告，指出高層 A 座單位有一戶住客確診了。你有留意到嗎？最近都沒有見到張先生一家出入大廈，說不定他們是因為確診而要進行家居隔離，所以才沒有見到他們的蹤影啊。」

　　假如你是確診住客，相信也不希望自己的健康狀況成為街坊茶餘飯後的談論話題吧。以上例子中的大廈通告，算不算已侵犯事主的私隱呢？我們應該如何界定「個人資料」？

個人資料的定義

1. 與在世人士有關

　　要得到《私隱條例》的保障，有關資料必須符合「個人資料」的定義。

　　首先，資料必須直接或間接與一名「在世人士」有關，換言之，已故人士的資料不受《私隱條例》所保障。因此，一些報章揭露某些已故巨星私隱的報道，不屬於《私隱條例》所監管的範圍。

　　接着，就要考慮何謂與該名在世人士「有關」。在一份文件中提及某在世人士是否一定屬於該人的個人資料呢？這就要視乎資料的內容是關於甚麼了。例如，醫生給病人發出接受物理治療的轉介信，信中詳述了臨牀診斷及建議治療方案，內容明顯地是針對該病人而寫，直接與他相關，所以屬於該病人的個人資料。那麼，會議

紀錄記下了出席者的意見，這又是否與他們有關而構成個人資料呢？我們來看看以下這個例子：某醫院就一宗院內發生的鍋爐意外而召開會議，其中一名出席員工在會上就鍋爐的維修及保養表達意見，雖然他的意見記錄在會議紀錄上，但這並不屬於他的個人資料，因當中討論事項只涉及鍋爐，跟他本人無關[1]。

2. 資料可確定個人身分

其次，要看看有關資料可否直接或間接地確定個人的身分。以上文提到的大廈通告為例，管理處是否已洩露了確診住客的個人資料？答案是沒有。管理處在接報有住客確診後，透過通告知會其他住客有關情況，只是為了提醒住客注意個人衛生，以遏止病毒擴散，而通告沒有指出確診者的姓名或詳細地址，街坊不能單憑「高層 A 座單位」的描述，直接或間接地確定確診住客的身分。因此，陳先生所居住的大廈管理處所貼出的通告並沒有洩露了確診住客的身分，即使陳先生和陳太太憑他們的認知猜測甚至猜中確診住客是誰，但一般市民根本無法從通告的內容確定確診者是誰。

3. 資料必須可供查閱及處理

最後，就是「個人資料」的存在形式必須是可供查閱及處理的，包括書面或電子紀錄、相片、錄像等形式。因此，只以口述形式披露而沒有記錄下來的資料，不符合《私隱條例》下「個人資料」的定義。嚴格來說，《私隱條例》不能保障你以口頭形式向朋友披露的個人秘密免被宣揚出去。不過，如果資料是以任何形式被記錄下來，則口頭披露該資料就有可能會觸犯《私隱條例》。

1　曹元緒 訴 行政上訴委員會（民事上訴案件 2000 年第 960 號）。

只要資料足以確定到你的身分，便受到《私隱條例》的保障。

常見的個人資料

　　日常生活中經常接觸到的個人資料包括姓名、年齡、性別、地址、身份證號碼、國籍、職業、婚姻狀況、薪金、財政狀況、宗教信仰、相片、醫療紀錄、受僱紀錄（包括工作表現評核）等資料。就某項關於你的資料而言，你便是「資料當事人」，相關個人資料受《私隱條例》所保障。

其他類別的個人資料

　　要斷定以下各個類別是否屬於個人資料並不容易，一般須視乎情況而定，現在就讓我們探討一下。

1. 家居地址

　　由於一個居所可能有多個住戶，而物業業主亦未必是住戶或唯一的住戶，因此，一般來說，單憑家居地址難以切實可行地確定你的身分。不過，假如把你的家居地址與其他資料併合（例如表格上同時載有你的姓名、地址和電話號碼），從而能切實可行地確定到你的身分的話，你的家居地址便符合《私隱條例》下的「個人資料」了。

2. 生物辨識資料

　　你大抵有試過以人臉識別或指紋功能解鎖你的智能電話；你或許知道，指紋、DNA 樣本及面部圖像可用來識辨你的身分，但原來手掌靜脈、手形、虹膜及視網膜等，也可作相同的用途。這些獨有並不可改變的生物特徵，是我們與生俱來的「身份證」。在實際的

指紋是獨有且不可改變的生物特徵，

可用作確定身分之用，

受《私隱條例》所規管。

應用中，生物辨識資料可以原來的格式，或轉化至圖像或數據被儲存及使用。機構收集生物辨識資料，通常都是用作確定身分之用，例如實驗室使用視網膜或虹膜識別系統作出入監控；地盤使用手形識別系統以記錄工人的出勤情況。正因生物辨識資料的獨特性，從該資料直接或間接地確定有關人士的身分一般都是切實可行的，因此生物辨識資料受《私隱條例》所規管。

3. 電郵地址

在這資訊泛濫的年代，你擁有多少個電郵帳戶「傍身」？我們一般不會用自己的全名組成電郵地址，因此，單憑電郵地址本身，甚或把電郵地址與你的姓名縮寫一起閱讀，仍未必可以確定你的身分[2]。

現在考考你，以下的電郵地址是否屬於「個人資料」呢？

帳戶持有人姓名	電郵地址
(1)　陳大文	abc123@email.com
(2)　張中強	cck@email.com

先看看電郵地址（1），這個電郵地址字面上與陳大文的身分及名字完全無關，所以不構成陳大文的個人資料。電郵地址（2）又怎樣呢？雖然字面上與張中強英文名字的縮寫相同，但單憑 "cck" 這三個英文字母不能確定張中強的身分，所以單憑電郵地址（2）也不構成他的個人資料。

不過，如某人的電郵地址包含其姓名，或者與其個人姓名併在一起即可確定他的身分，那便屬於其個人資料。例如：某機構不慎

2　行政上訴案件 2012 年第 25 號。

將客戶名單（包含個人姓名和電郵地址）抄送至無關人士，便可能會構成不當披露個人資料。

4. IP 地址

IP 地址是由網絡服務供應商分派予每部電腦的特定機器地址，所有 IP 地址都是獨一無二。IP 地址只是關於電腦的資訊，與任何在世人士無關，單憑 IP 地址本身不能確定電腦使用者的身分，所以不是個人資料[3]。

不過，網絡供應商一般都會持有用戶的帳戶資料（如個人姓名和地址）以確定用戶的身分，而從用戶的 IP 地址更可追蹤及分析客戶的上網資料、行為、習慣等。故此，雖然單憑 IP 地址難以確定用戶的身分，但當它與其他資料結合起來便有機會構成個人資料。

5. 考生答案

你試過不滿意考試成績而考慮查卷嗎？你或許疑惑，查卷與「個人資料」有什麼關係呢？事實上，曾有考生不滿考試成績，以考卷評語是他的個人資料為由，向考試機構要求查閱他的試卷、作業及／或答題簿，以求覆核成績。你可能認為考生寫在答題簿上的答案與考生的身分沒有關係。不過，如考卷上註有考官的評語或意見，這些評語或意見便是考生的個人資料[4]。在一宗投訴個案中，私隱專員認為分數及考官在分紙上所寫的書面評語是考官對學生表現的評價，因此屬考生的個人資料。由於被投訴的大學沒有依從該考

3　行政上訴案件 2007 年第 16 號。

4　行政上訴案件 2007 年第 7 號。

生的查閱資料要求，向他提供載有考官評分及評語的考試答題簿和作業複本，因而違反了《私隱條例》的規定[5]。

6. 流言蜚語／虛假資料

假如有人在背後説你的壞話，誣衊你，《私隱條例》可以幫到你嗎？關於這個問題，我們要弄清楚以下幾點。首先，口述的資料或流言蜚語不符合「個人資料」的定義，只有以紀錄的形式存在，並可供人查閱及處理的才是個人資料。此外，即使有人把該些資料記錄下來，但虛假事實和虛構的證據及個人聲譽都不屬於個人資料[6]。當然，還要小心區分虛假的事實和不正確的資料，後者可能只是手民之誤，而非別有用心[7]。雖然《私隱條例》有為資料當事人就不正確資料提供改正的機制，但是若屬誹謗，你便可能要另尋渠道解決問題了。

5　私隱專員的調查報告編號 R08-10578。

6　行政上訴案件 2005 年第 49 號、2001 年第 29 號、2009 年第 1 號及 2020 年第 18 號。

7　行政上訴案件 2015 年第 4 號。

第 3 章

誰是「資料使用者」

你有收過電話邀請你做問卷調查嗎？調查人員一般會記錄你的個人資料，以作分析及編制報告之用。你有想過誰是「資料使用者」嗎？是調查人員？是受委託進行調查的大學？或是委託大學進行調查的機構？

誰是資料使用者？

根據《私隱條例》，「資料使用者」必須依從六項保障資料原則行事。要分辨有沒有誤墮法網，先要明白「資料使用者」的定義是指控制個人資料的收集、持有、處理或使用的人。當中，「控制權」是一個十分重要的元素，除了指獨自控制外，還包括聯同其他人或與其他人共同控制。若你對個人資料的收集、持有、處理或使用沒有控制權，或你只是純粹代另一人而非為個人目的而收集、持有、處理或使用個人資料，那麼你便不是「資料使用者」，不受《私隱條例》所約束。

以下的真實個案可讓你進一步了解個人資料的控制權。

1. 地產代理沒有依從資料當事人的拒收直接促銷訊息要求

在一個案中[1]，事主透過某地產公司購買物業，並向該地產公司提供了他的姓名及電話號碼。事主其後向該地產公司提出拒收直接促銷訊息要求，而該地產公司亦確認已將事主加入其公司的拒收名

1　九龍城裁判法院傳票 2020 年第 533212 號。

單，不會再用電話聯絡他作直接促銷。然而，事主之後仍收到該地產公司一名職員的來電，查詢他是否有意放售物業。

經考慮個案的實際情況，法庭認為案中該名職員聯同該地產公司共同控制事主的個人資料，兩者均屬案中的資料使用者。該名職員最終被裁定沒有依從資料當事人的拒收直銷訊息要求，而繼續使用其個人資料作直接促銷，違反了《私隱條例》第 35G(3) 條。

一般來説，若僱員只是按僱主指示執行職務，他未必會符合資料使用者的角色。至於僱員是否需要為處理個人資料的行為「上身」，則視乎每宗獨立個案的實際情況而定。當中必須考慮僱員本身在過程中是否為任何個人目的而控制相關個人資料的收集、持有、處理或使用，例如利用客戶的個人資料處理交易並從中獲取報酬，若答案為「是」，有關僱員便有機會被視作《私隱條例》下所定義的資料使用者。

那麼，僱主又是否需要為僱員違反《私隱條例》規定的行為負責呢？根據《私隱條例》，除非僱主已採取切實可行的步驟防止僱員進行有關違規行為，不論僱主是否知悉或批准，有關的違規行為將被視作由僱主所作出一樣[2]。簡單而言，僱主有機會需要為僱員違反《私隱條例》規定的行為負責。此外，根據《刑事訴訟程序條例》[3]第 101E 條，若有證據顯示公司董事或與公司管理有關的其他高級人員同意或縱容涉及公司所干犯的罪行，該董事或高級人員亦屬干犯該項罪行。因此，公司高級人員亦有機會要為公司的行為負起刑責。

2　《私隱條例》第 65(1) 及 (3) 條。

3　香港法例第 221 章。

僱主須採取切實可行的步驟防止僱員違反《私隱條例》。

2. 法庭書記收集法庭內旁聽人士的個人資料

在另一個案中[4]，一名法律系學生在法庭旁聽並抄寫筆記，但一名新入職的法庭書記誤以為旁聽法庭聆訊的人士須事先得到法庭許可方能抄寫筆記，因此收集了該學生的個人資料。行政上訴委員會[5]認為，雖然該書記沒有依從法庭的相關規則行事，但她收集該名學生的個人資料只是為了管理法庭事務而非為個人目的，因此她本人不是資料使用者。

3. 互聯網服務供應商及發帖文的網民，誰才是「資料使用者」？

部分互聯網服務供應商雖然提供平台予用戶發布帖文，但是該互聯網服務供應商未必會僅僅因帖文載有個人資料而成為資料使用者，因為它們的營運模式未必會控制用戶所上載資料的收集、持有、處理或使用。若有用戶利用網上「聊天室」服務披露他人的個人資料，一般來說該用戶才是資料使用者。儘管如此，互聯網服務供應商也要小心留意，在知悉有內容不當的帖文後，應適時作出跟進及移除有關帖文，因為容許第三者在其網頁發布誹謗言論，在法律上會被視為「附屬發布者」，須負上相應的法律責任[6]，甚或有機會招致「起底」的刑事法律責任（詳見本書第 6 章）。

另外，當互聯網服務供應商為其本身目的而收集、持有、處理或使用個人資料時，例如：就其提供的互聯網服務向用戶發出載有

4　行政上訴案件 2013 年第 12 號。

5　行政上訴委員會是依據《行政上訴委員會條例》（香港法例第 442 章）而設立的上訴機關，其職能包括就因不服私隱專員根據《私隱條例》所作的決定而提出的上訴進行聆訊，並作出裁決。

6　*Oriental Press Group Limited*（東方報業集團有限公司）v *Inmediahk.net Limited* [2012] 2 HKLRD 1004（高院民事訴訟 2010 年第 1253 號）。

客戶個人資料的通知,他們便成為資料使用者。若不慎洩漏有關資料,他們便須為未有妥善採取資料保安措施而負上《私隱條例》中列明的責任。

誰是資料處理者?

今時今日,機構把處理資料的工作外判非常普遍。在外判工作的同時,機構又能否將保障資料的責任外判呢?若外判商不慎洩漏資料,機構要負責嗎?

根據《私隱條例》[7],「資料處理者」是指非為本身目的而是代另一人處理個人資料的人。例如,當某機構聘用商業服務公司管理僱員的發薪事宜;或當某機構聘用市場推廣公司向客戶進行意見調查,由於該商業服務公司及市場推廣公司都是代有關機構(而非為本身目的)處理僱員或客戶資料,因此它們都是資料處理者。其他常見的例子包括受聘把個人資料輸入電腦系統的服務供應商,以及受聘銷毀載有個人資料的機密文件的外判商。

以下的真實個案可讓你進一步了解誰是資料處理者。

在一個案中[8],投訴人為一宗民事上訴案件的申請人,司法機構委託出版商出版一本輯錄法庭判案書的法律刊物,出版商亦需要在出版刊物前得到司法機構的批准。行政上訴委員會認為,在考慮出版商是否為其自身目的而使用投訴人個人資料於法律刊物的事宜

---

7 根據《私隱條例》第 2(12) 條,如某人純粹代另一人持有、處理或使用的個人資料,而該首述的人並非為其任何本身目的而持有、處理或使用該資料,則該首述的人就該個人資料而言不算是資料使用者。

8 行政上訴案件 2018 年第 11 號。

上，由於司法機構就該法律刊物的內容及格式上擁有「完全控制權」，而出版商純粹代司法機構（而非為其自身的任何目的）使用當中的相關個人資料，故出版商是資料處理者，而非資料使用者。

另一個案中[9]，投訴人不滿屋苑的業主委員會舉辦一連串屋苑活動，當中涉及收集住戶的個人資料。投訴人認為業主委員會並非法人組織，沒有法律基礎作為《私隱條例》下的資料使用者收集住戶的個人資料。行政上訴委員會認為《私隱條例》所定義的資料使用者從沒述明必須要以法人為先決條件，故資料使用者可包括非法人組織，即業主委員會。行政上訴委員會在另外三宗上訴案件[10]中亦同樣裁定業主委員會（作為非法人組織）可作為《私隱條例》下所定義的資料使用者。

在另一個案中[11]，投訴人投訴業主委員會在物業管理公司舉行的屋苑活動中透過表格及問卷收集過多個人資料。投訴人亦指稱屋苑的公契並無賦權該物業管理公司處理屋苑活動的工作，故認為物業管理公司就該等屋苑活動收集住戶的個人資料是違反《私隱條例》。行政上訴委員會認為，就該等屋苑活動所收集的個人資料而言，管理公司純粹代業主委員會收集、持有、處理或使用相關個人資料，而非資料使用者。相反，在某些情況下，物業管理公司及／或其服務處則是資料使用者。例如，就業主委員會及物業管理公司／服務處共同發出的「申請索取屋苑資料表格」，如果住戶申請查閱的資料並不涉及業主委員會，物業管理公司／服務處便會直接處理相關申請及申請者提供的個人資料，物業管理公司在處理該等個人資料而言則符合資料使用者的定義，並受《私隱條例》規管。

9　行政上訴案件 2021 年第 2 號。

10　行政上訴案件 2021 年第 5、6 號及 9 號。

11　行政上訴案件 2021 年第 3 號。

資料使用者與資料處理者就個人資料處理的法律責任

《私隱條例》保障資料第 2 及第 4 原則要求在資料使用者聘用資料處理者，以代其處理個人資料時，須採取合約規範方法或其他方法，以防止轉移予該資料處理者的個人資料的保存時間超過處理該資料所需的時間，以及防止有關個人資料未獲准許或意外地被查閱、處理、刪除、喪失或使用。而承辦商的錯失亦會被視為由機構所作出的一樣 [12]。因此機構在聘用資料處理者時必須明白，即使把個人資料處理程序外判，機構仍負有保障個人資料私隱的法律責任。以下的例子正好說明這個情況。

某年的 6 月和 9 月，分別有市民在一家密件處理公司的碎紙廠外發現一些屬於醫院管理局轄下兩間醫院的病人個人資料的「廢料」。經調查後，私隱專員認為該些「廢料」可能已經過碎紙廠處理。至於廢料為甚麼沒有適當地被棄置而「流落街頭」就不得而知。

根據《私隱條例》第 65(2) 條，雖然醫管局作為資料使用者已將載有病人個人資料的文件處理程序交託密件處理公司，但醫管局仍然有責任保障當中的個人資料不受未經准許的或意外的查閱、處理、刪除、喪失或使用。

私隱專員認為醫管局與該密件處理公司之間的合約條款，不足以確保載有敏感的個人資料的棄置打印用碳帶會被妥善及徹底地切碎。私隱專員亦認為醫管局未有盡責地管理該合約的執行，包括對該密件處理公司的碎紙過程進行視察或審計廢料處理的工序。

---

12 《私隱條例》第 65(2) 條。

機構即使已把資料處理及刪除的工作外判給其他公司，仍需以合約規範方法或其他方法，確保個人資料受保障。

私隱專員認為醫管局沒有採取所有合理地切實可行的步驟，以確保病人的個人資料受保障而免受未經准許或意外的查閱、處理、刪除、喪失或使用，因而違反《私隱條例》的保障資料第 4 原則（個人資料的保安）[13]。私隱專員其後向醫管局發出執行通知，指令醫管局取回在事故中被棄置的廢料並予以銷毀；亦須就此修訂其廢料棄置程序和實施一連串的改善措施，以避免同類型事件再度發生。

　　綜合來說，機構在委託承辦商處理資料時，不論該資料處理者是身處香港或海外[14]，都必須採取合約規範方法或其他方法以保障個人資料。

13　私隱專員的調查報告編號 R13-6740。

14　見本書第 4 章「六項保障資料原則」的第 4 原則。

第 4 章

六項保障資料原則

《私隱條例》對個人資料的保障究竟涵蓋哪些範疇呢？簡單來說，就是（1）收集個人資料的目的及方式；（2）準確性、儲存及保留；（3）使用；（4）保安措施；（5）透明度；（6）查閱及改正方面，訂下六項保障資料原則[1]，要求資料使用者遵守。

　　本章所挑選的生活化個案讓你更易掌握這六項保障資料原則的應用情況。

1　《私隱條例》附表 1。

原則 1：收集個人資料的目的及方式

資料使用者須：

- 為直接與其職能或活動有關的合法目的而收集個人資料；
  而資料的收集對該目的是必需的或直接與該目的有關的；
  及就該目的而言，資料屬足夠但不超乎適度；
- 以合法和公平的方法收集個人資料；及
- 以切實可行的方法在收集資料之時或之前，告知資料當事人其個人資料將會用於甚麼目的，以及資料可能會被轉移予哪類人士。

1. 收集直接與職能或活動有關、不超乎適度的個人資料 [2]

旅行社透過流動應用程式收集過多個人資料 [3]

很多人在使用由商戶提供的流動應用程式時，不假思索便輸入個人資料。這樣做妥當嗎？一起來看看以下的例子。

某家旅行社透過其開發的流動應用程式，向參加其獎賞計劃的申請人收集出生日期及身份證號碼。旅行社解釋收集這些資料是為了提供服務時核實會員的身分，包括會員查閱其帳戶資料、查詢或換取積分。可是，原來會員在親身或以熱線查詢時，只須向旅行社職員提供會員編號便可查詢，即使忘記了編號，提供姓名、電郵地址及／或流動電話號碼也足以識辨其身分。

2　保障資料第 1(1) 原則。

3　私隱專員的調查報告編號 R14-9945。

由此可見，這家旅行社收集出生日期及身份證號碼是不必要及超乎適度的。因此，你向任何機構提供個人資料時，應考慮商戶收集資料的目的，以衡量相關資料是否必須。

投訴要交出多少個人資料[4]

向機構或部門投訴時，大家有沒有考慮過所要求提供的個人資料是否必須或過多？行政上訴委員會曾處理過這類個案。

案中的投訴人就一批公眾人士於某公園內使用揚聲器發出過大的聲浪而向一政府部門投訴。有關政府部門的職員在接獲投訴後，要求投訴人先填寫一份同意書，以便有關政府部門檢控違規人士。要求投訴人提供其個人資料，包括中英文姓名、住址、電話、出生日期、年齡及身份證號碼，相關部門才會前往涉事地點跟進。不過，由於在收集個人資料後，有關的滋擾行為經已停止，所以政府部門沒有檢控違規人士。私隱專員在接獲投訴並向有關部門查證後，認為在未有作出檢控前收集投訴人上述個人資料的做法屬「過度」收集，並建議有關部門在未確定會否向涉嫌違規人士提出檢控前，不應收集投訴人非必要的個人資料（例如出生日期、年齡及身份證號碼等）。行政上訴委員會亦確定私隱專員所作出的決定。

告病假要交代傷勢及意外詳情[5]

在另一個案中，一名消防員因不滿須填寫表格以提供休假時受傷的詳細資料[6]而向私隱專員投訴。究竟僱主可否要求僱員提供休假時受傷的詳細資料？答案視乎所涉及的工種及個案的實際情況。

4　行政上訴案件 2017 年第 13 號。

5　行政上訴案件 2018 年第 1 號。

6　當中包括傷勢性質、發生意外的日期、地點、經過，並提供相關的醫療證書、證人供詞和警方報案編號等。

在申請參加獎賞計劃時，大家有沒有考慮對方是否「過度」收集個人資料？

眾所周知，消防員的工作對其體能有極高的要求，任何傷勢均有可能影響到拯救市民的工作及其安全性，故此收集消防員休假時受傷的詳細資料（即傷勢性質、意外日期及有關的醫療證明書等）與消防處的職能直接相關。可是，個案中消防處同時要求該消防員提供意外的敍述和警方報案編號等資料，私隱專員認為這些資料與評估消防員傷勢及其執行職務的能力無關，所以有關的收集是「超乎適度」。行政上訴委員會同意私隱專員的決定，而為了更有效評估受傷消防員的情況，行政上訴委員會同意有必要賦予消防處酌情權以根據個案的情況收集額外的資料，從而達到評估消防員的體能是否適宜值班的目的。

「快易通」要求用戶提供身份證號碼[7]

身份證號碼是香港最常用的身分代號。為了防止資料使用者胡亂收集身份證號碼或副本，私隱專員特別制訂了《身份證號碼及其他身份代號實務守則》（「身份證號碼實務守則」），以規範收集的情況。若機構收集身份證號碼或副本的目的超出實務守則所指明的情況，一般情況下，私隱專員會視該機構收集了超乎適度的個人資料而違反保障資料第 1(1) 原則[8]。

「快易通」是在本港各主要幹線和隧道經營電子道路收費系統的公司，它提供方便快捷的免停車付款方法，間接縮短車輛在收費亭排隊等候支付隧道費的時間。

7　行政上訴案件 2013 年第 24 號。

8　根據《私隱條例》第 13 條，違反私隱專員制訂的實務守則內的條文，在有關法律程序中，可被視為違反《私隱條例》的規定，除非有證據證明已透過其他方法依循該規定。

「快易通」要求用戶申請者提供身份證號碼，以正確地識辨用戶的身分，方便日後追討欠款，避免損失。你認為「快易通」這個做法超乎適度嗎？

　　在探討「快易通」的做法是否超乎適度前，先來看看身份證號碼實務守則內的規定——若資料使用者收集身份證號碼的目的是為了正確識辨持證人的身分，以避免對資料使用者造成損失，而該損失是超過輕微程度的 [9]，便可收集身份證號碼。

　　行政上訴委員會認為香港的隧道收費雖然較低，但在考慮損失是否屬於輕微時，不應只着眼於個別用戶的欠款金額。由於「快易通」擁有龐大的用戶基礎，即使個別用戶的欠款有限，總欠款數目仍然相當可觀。此外，行政上訴委員會認為應同時考慮損失的性質，尤其是如不向申請者收集身份證號碼對「快易通」經營模式的影響。舉例來説，如果「快易通」為了避免損失而嚴格執行對未能及時預繳費用的用戶停止提供服務，那些被終止服務的用戶便會轉往人手操作的付款亭排隊繳款，導致交通擠塞。由於不向申請者收集身份證號碼可能對「快易通」的生意及主要幹線和隧道經營者的利益造成深遠的影響，所以行政上訴委員會認為不應以保障資料為名而干預「快易通」的合法商業運作。另外，行政上訴委員會又認為用戶與「快易通」之間的法律權利或責任，並不屬於短暫或輕微性質 [10]，因這正是該收費系統能順利運作的關鍵。因此，「快易通」收集申請者的身份證號碼不是超乎適度。

9　身份證號碼實務守則第 2.3.3.3 段。

10　身份證號碼實務守則第 2.3.4.1 段，註明下述情況可收集身份證號碼：為加入由身份證持證人簽立的法律文件中，而該文件所確立的法律權利或責任，並不屬於短暫或輕微性質。

2. 以合法和公平的方法收集個人資料 [11]

關於「合法」這個概念不難明白，舉例來說，警方行使法律賦予的權力而記錄被調查人士的身份證號碼，就是以合法的方法收集個人資料，而不法之徒盜取他人的信用卡或銀行戶口資料，明顯就是以不合法的方法收集個人資料。

但何謂以「公平」的方法收集個人資料呢？僱主強制收集員工的指紋資料是否「公平」？如果被強制收集的是醫療紀錄又是否有分別呢？何謂「公平」，必須考慮到有關個案的整體情況才能得出結論。

現在就來看看下面幾宗個案是否以合法和公平的方法收集個人資料。

記錄立法會議員在立法會大樓內的行蹤 [12]

個案中一名立法會議員投訴公職人員被委派筆錄各立法會議員在議會大樓內的行蹤。究竟以這種觀察的被動形式所收集的行蹤資料是否構成個人資料？而有關做法又是否合法和公平？

首先，行政上訴委員會認為立法會議員的姓名及在議會大樓內的行蹤屬其個人資料，但有關的公職人員僅記錄議員在公眾地方的位置，而有關位置亦屬其他獲許可進入議會大樓的人士可到達的地方，故認為收集的方式並非不公平，亦不屬超乎適度。此外，考慮到政府有責任促使立法會及時審議法案和議案，有關記錄行蹤的目的是協助政府官員透過監察立法會的情況以履行上述的職責，有關

11　保障資料第 1(2) 原則。

12　行政上訴案件 2018 年第 8 號。

僱主須以「合法」和「公平」的方法收集員工的指紋資料。

的資料收集行為本身與政府的職能直接相關甚至涉及公眾利益，故行政上訴委員會同意有關的收集具有合法目的。

僱主收集員工指紋資料[13]

在這個案中，一名曾經受僱於高級時裝公司的僱員，投訴前僱主在辦公室入口安裝指紋識別裝置，收集他的指紋資料。僱主聲稱收集的指紋是用於保安及員工考勤用途，員工是自願同意提供的。

僱傭雙方的談判實力明顯不均等，員工往往為了生計，即使不願意也只好接受，向僱主提供指紋資料。再者，個案中的員工除提供指紋資料外，並無其他選擇，難以令人信服員工是自願同意提供指紋資料的。此外，僱主事前也沒有向員工提供相關資訊，例如：

- 指紋識別裝置會收集部分還是完整的指紋圖像；
- 指紋識別裝置如何運作；
- 指紋資料可能會被轉移給哪些類別的人士；
- 收集及使用指紋資料的相關私隱風險；
- 有甚麼措施防止資料被濫用或不當處理；
- 員工可循甚麼渠道查詢其出勤紀錄的準確性；
- 指紋資料的保存期限；及
- 誰有權存取指紋資料等。

私隱專員最後認為員工所給予的「同意」不是在知情下（即掌握足夠相關資訊的情況下）而作出的，因此該時裝公司收集員工的指紋資料的手法屬不公平。

13　私隱專員的調查報告編號 R15-2308。

航空公司收集員工的過往醫療紀錄 [14]

　　某家航空公司表示關注有少數員工經常或長時間請病假，為了解他們的健康狀況，需要索取他們過往 12 個月的醫療紀錄。如員工不同意要求，他們有機會遭受紀律處分。問題的焦點落在航空公司的做法是否帶有威脅成分，構成以不公平的方法收集員工的過往醫療紀錄。

　　法院考慮到在某些情況下，披露醫療紀錄是屬強制性的。在本個案中，航空公司有責任確保航機上工作人員的健康狀況足以讓其執行職務。而當披露相關個人資料是屬強制性的，航空公司作為資料使用者便需要告知資料當事人其拒絕作出披露的不良後果。這並不會構成對該資料當事人作出威脅或施加不當影響。雖然如此，航空公司的表達方式過於直接強硬，以致惹來批評。

　　隨着智能電話越來越普及，我們隨時隨地都可以進行錄影或錄音。可是，在未得當事人的同意及知情的情況下，偷拍對方的影像或偷錄其談話具高度侵擾性。齊來看看以下的例子。

藝人被「狗仔隊」偷拍 [15]

　　藝人的私生活是你茶餘飯後的話題嗎？雜誌對藝人私生活的報道，在甚麼情況下會觸犯保障資料原則呢？

　　這裏舉出的兩宗投訴個案中，共有三名藝人投訴被「狗仔隊」偷拍在家中的活動情況。被拍下的照片分別在兩本雜誌上刊登，包括藝人甲和藝人乙有親密行為的照片，以及藝人丙疑似全身赤裸的

14　*Cathay Pacific Airways Limited v Administrative Appeals Board & Another* [2008] 5 HKLRD 539(高院憲法及行政訴訟 2008 年第 50 號)。

15　行政上訴案件 2012 年第 5 及第 6 號（私隱專員的調查報告編號 R12-9164 及 R12-9159）。

照片。「狗仔隊」分別在該三名藝人居所的遠處，使用長焦距鏡及放大器等攝影器材進行偷拍，明顯地是長時間和有計劃地監視藝人在室內的活動後才能拍下該些照片。私隱專員認為用這種侵擾性的方式收集有關藝人的個人資料，手法並不公平，而披露藝人在其寓所內的日常生活及親密行為，除滿足公眾的好奇心外，並不涉及公眾利益，屬違反保障資料第 1(2) 原則 [16]。

儘管有人說「食得鹹魚抵得渴，藝人都喜愛曝光」，但畢竟有別於出席公開活動，藝人對在家中的私人活動會有較高的私隱期望，更何況是親密行為或身體部位的披露，那是非常敏感的資料。如設身處地去想一想，你也不希望自己的私人活動登上雜誌封面吧！

偷錄上司的對話並上載至互聯網 [17]

個案中一名教師與上司在午餐會議時，偷錄了彼此的對話。會議的目的是討論該教師的工作表現。期間，上司曾就教學方面向輔導及指導該教師。這段對話最後被上載至互聯網，供公眾人士查閱。行政上訴委員會認為對話是在上司全不知情及非正式的場合下被偷錄，而教師其後披露有關對話的情況亦顯示他偷錄的真正目的並非為保留紀錄以便日後用於與校方傾談續約。因此，教師收集其上司個人資料的手法就算沒有違法，也不公平。

未經同意下拆閱他人的信件 [18]

在另一個案中，投訴人以某辦事處的固網電話作私人電話使用。投訴人不滿辦事處的負責人在未得到其同意下，擅自拆閱該辦事處

16　見本書第 8 章「重要個案分析」更詳細分析此案。
17　行政上訴案件 2006 年第 46 號。
18　行政上訴案件 2019 年第 11 號。

的電話月結單，並使用當中所載的個人資料終止有關的固網電話服務。經調查後，私隱專員認為辦事處的負責人以不公平的方法收集個人資料，違反保障資料第 1(2) 原則的規定，故向辦事處的負責人發出警告信。行政上訴委員會同意私隱專員所作出的決定。

除了以上情況外，以誤導的手法收集個人資料也屬於以不公平的方法收集資料，以下是一個常見的例子。

體檢公司收集個人資料轉介予保險公司作促銷用途 [19]

「你好，我們是香港預防協會。恭喜你得到一個免費檢查身體的機會……」你曾否接過類似的推銷電話？電話推銷員致電全港約 500 萬的手提電話登記用戶，以免費身體檢查作利誘，從而收集個人資料，然後轉介予保險公司作促銷用途。推銷員不但事前沒有說明收集個人資料的目的，更運用混淆視聽的手法去收集這些資料，例如：

- 說自己代表「香港預防協會」致電而略去「有限公司」，令人誤會該公司是非牟利團體；
- 誤導客戶有關推廣活動已獲政府批准；及
- 聲稱客戶在享用完免費身體檢查的服務後，他們的個人資料會被全部銷毀。

上述電話推銷員提供的資訊與事實不符，私隱專員認為推銷員以誤導性的推廣手法收集客戶的個人資料，在有關情況下屬不公平。

---

19 私隱專員的調查報告編號 R13-1138。

3. 《收集個人資料聲明》

　　機構一般會在申請表內或服務櫃台附近列出《收集個人資料聲明》，以述明收集個人資料的目的，以及可能會將資料轉移給哪類人士等資訊。你知道怎樣的《收集個人資料聲明》才符合保障資料第 1(3) 原則的要求嗎？

　　收集目的聲明不可含糊及範圍太廣，應以具體及明確的字眼述明個人資料被收集後，會被用於甚麼目的。

　　用語例子：

- ✓ 「向你收集得的資料會用以處理你的訂單，以及管理你在本公司開設的帳戶。」
- ✓ 「本網站以 cookies 所收集得關於你的資料只會用作整體統計訪客如何瀏覽本網站。收集這些統計數字是為了管理本網站及改善網站的設計。」
- ✗ 「我們可因應行業常規所需，利用你提供的個人資料用作其他相關用途。」

　　最後的例子所提及的「行業常規」一詞意思含糊，而「相關用途」也不夠具體和明確，這類用語不適合用來描述收集目的。

　　機構或資料使用者須清楚訂明個人資料承轉人的類別，避免使用寬鬆廣泛及籠統的字眼，讓資料當事人可以合理地確定其個人資料會轉移予甚麼人。

　　用語例子：

- ✓ 「我們會與信貸資料機構共用你的資料。」
- ✗ 「你同意我們將你的個人資料披露及轉移予 ABC 集團內的任何公司、各附屬公司及任何該集團擁有權益的公司。」

如資料使用者是一個多元化業務集團的成員機構，將顧客的個人資料在集團內無限制地轉移看來已經超出顧客的合理期望。因此，《收集個人資料聲明》不應包含像以上註有叉號的例子的語句，而應清楚列明相關的承轉成員機構或其業務類別，以便顧客知悉。此外，「任何人士」、「任何業務夥伴」及「任何對我們有保密責任的其他人士」這類籠統的字眼，若沒有進一步闡釋，也不能清晰界定資料承轉人的類別。

資料使用者在制訂《收集個人資料聲明》時需小心考慮其實際需要，把所需資訊清晰傳達給資料當事人[20]。

原則 2：個人資料的準確性及保留期間

- 資料使用者須採取所有切實可行的步驟，以確保持有的個人資料準確無誤，而資料的保留時間不應超過達致原來目的實際所需。
- 如資料使用者聘用（不論是在香港或香港以外聘用）資料處理者處理個人資料，須採取合約規範方法或其他方法，以防止轉移予該資料處理者作處理的個人資料的保留時間超過處理資料所需的時間。

看過以下的個案，你便會明白如何在日常生活中應用這個原則。

---

20 可參閱私隱專員發出的《擬備收集個人資料聲明及私隱政策聲明指引》。

1. 確保個人資料的準確性 [21]

香港稅務局案件 [22]

稅務局持有全港納稅人與稅務有關的個人資料，包括入息、應繳稅款等，性質敏感。假如稅務局未有確保個人資料準確無誤，對納稅人便會帶來不便與風險。

投訴人在收到稅務局寄往其住址的報稅表後隨即填妥及寄回，但五個多月後仍未收到稅單，多次向稅務局查詢也不得要領。

原來事件是稅務局連環出現人為錯誤所致：

- 職員 A 誤把另一納稅人的更改個人地址通知夾附在投訴人的報稅表內。
- 職員 B 在更新紀錄時沒有察覺該通知與主報稅表的檔案號碼不符，便將投訴人的地址更改成新地址 X。
- 寄給投訴人的稅單因無法投遞而被退回稅務局。雖然職員 C 找出投訴人的正確住址，卻錯誤地輸入了另一地址 Y。
- 投訴人多次投訴未收到稅單，職員 D 沒有深究箇中來龍去脈，便指示下屬重複地發出投訴人的稅單副本到地址 Y。郵件卻沒有被退回。

最後，投訴人親身前往稅務局才取得稅單副本。稅務局亦在當日更正了投訴人的地址，並向投訴人兩度發信致歉。稅務局指個案屬個別事件，他們有既定的指引及監督查核程序，盡力確保各級職員全面了解其資料保障政策，但這些解釋不獲私隱專員接納。稅務

---

21 保障資料第 2(1) 原則。

22 私隱專員的調查報告編號 R11-11778。

局在處理投訴人的資料的過程中接連出錯，反映出不只是個別職員對確保資料準確性的意識不足，而是涉及多個單位的職員。私隱專員認為稅務局沒有採取所有合理地切實可行的步驟，確保投訴人地址的準確性，違反了保障資料第 2(1) 原則。

要補充的是，保障資料第 2(1) 原則只要求資料使用者採取所有切實可行的步驟去確保個人資料的準確性，而非百分百的準確性。換句話說，假如相關的資料使用者已採取了在有關情況下所有切實可行的步驟，縱使資料仍有不準確之處，也不屬違反保障資料第 2(1) 原則的規定。另一方面，資料當事人可根據《私隱條例》第 22 條要求資料使用者改正不準確的資料。如資料使用者在接到改正資料要求後仍然拒絕更正，繼續保存不準確的資料，便屬違規[23]。

在某些情況下，私隱專員難以就事實的爭議作出裁決，例如病人就醫生所寫的醫學報告內容提出爭議，私隱專員便難以斷定醫生的醫學意見是否準確[24]。

2. 個人資料應保留多久？

除了保障資料第 2(2) 原則外，《私隱條例》第 26 條要求資料使用者須採取所有切實可行的步驟刪除已不再為使用目的而需要的個人資料，除非受任何法律禁止[25]或不刪除該等資料是符合公眾利益的。不過，《私隱條例》並沒有為不同目的而持有的個人資料訂下保留時限，因此資料使用者應按個別需要訂立個人資料的保留期。

---

23 行政上訴案件 2008 年第 12 號。

24 行政上訴案件 2011 年第 14 號。

25 例如：《稅務條例》（香港法例第 112 章）第 51C 條要求每名在香港經營業務的人，須就其入息及開支備存足夠的紀錄，並須在有關交易完結後，保留該紀錄為期最少 7 年。

銀行保留破產資料 [26]

個案中的投訴人指他很久以前已獲解除破產令，但該銀行仍保留其破產資料。私隱專員發現，該銀行所保留的客戶破產資料長達99年，包括客戶的姓名、身份證號碼、破產案編號及破產令的日期。該銀行沒有以書面形式寫出有關政策，也沒有通知其客戶。原來該銀行的原意是無限期地保留客戶的破產資料，只是礙於受資訊科技及運作系統的技術所限，才把期限縮短至99年。其後，該銀行打算把保留時間由99年縮短至15年，但不獲私隱專員接納。儘管與個人破產有關的個人資料，是銀行管理信貸風險及協助破產受託人識別和扣押破產人的財產及帳戶的重要相關資料，但根據法例 [27]，破產人在4至8年後獲解除破產，可以重新掌控其財務事宜。因此，私隱專員認為銀行沒有需要保留關於某人的破產資料超過8年，繼續不當地標籤該人，已獲解除破產的人士應可重過沒有產權負擔的正常生活。

擬用於採取法律行動的錄影片段 [28]

在另一個案中，被投訴人以攝影機拍攝一名大廈管理員（即此案的投訴人）在執勤時態度惡劣的行為，並保留有關片段以便向該名管理員和他的僱主投訴，甚至是採取法律行動。在衡量被投訴人保存有關片段的時間是否超過其使用目的時，行政上訴委員會認為沒有證據證明被投訴人並不是真誠地保留片段以在日後的法律程序中作證據之用，而禁止保留片段有機會損害被投訴人採取法律行動的權利。考慮到有關片段是作出投訴或採取法律行動的重要證據，

---

26 私隱專員的調查報告編號 R11-6121。

27 《破產條例》（香港法例第 6 章）第 30A 條。

28 行政上訴案件 2016 年第 25 號。

保留個人資料的時間是否超過實際所需，是資料使用者必須注意的重要課題。

加上當時採取法律行動的時限尚未屆滿[29]，所以委員會認為被投訴人沒有違反保障資料第 2(2) 原則的規定。

涉及信貸資料機構的例外情況 [30]

在這個案中，投訴人不滿信貸資料機構於資料庫儲存其過往的通訊地址及聯絡電話，並要求信貸資料機構刪除有關的資料。行政上訴委員會認為只要該信貸資料機構的資料庫內仍存有與投訴人有關的個人信貸資料（例如有關人士繼續使用銀行戶口的紀錄等），儲存有關個人資料有助準確地識別信貸申請人的身分，便不屬違反《個人信貸資料實務守則》及／或《私隱條例》的規定。值得注意的是，上述個案屬於一個個別允許資料使用者保留資料當事人過往的個人資料的例外情況。

雖然《私隱條例》並沒有訂下保留個人資料的時限，但要符合《私隱條例》第 26 條及保障資料第 2(2) 原則的要求，資料使用者應制訂保留個人資料的政策，詳細訂明保留其持有的個人資料的時間，以增加透明度。對於一些已不再需要用於原來收集目的之個人資料，資料使用者應盡快及永久銷毀這些資料。保留個人資料超過實際所需時間，不單違反《私隱條例》規定，亦有機會增加資料外洩的風險。根據私隱專員的經驗，個人資料外洩事故的其中一個主要原因，往往是涉及資料使用者保存大量客戶的個人資料，卻沒有適時刪除舊有的資料，以致被閒置而未有繼續執行系統維護的資料庫被黑客入侵。因此，當你保存大量資料當事人的個人資料時，就如身上裝上一顆炸彈一樣，隨時爆炸！

---

29 根據《時效條例》（香港法例第 347 章）第 4(1) 條，被投訴人向該名管理員和他的僱主採取法律行動的時限是由發生事件起計六年。

30 行政上訴案件 2017 年第 22 號。

從今天起，你也應留意自己的個人資料有否被他人保留超過實際所需的時間，以保障自己的權益！

刪除自己在網絡上的個人資料

你有沒有聽到別人提及有關要求機構或企業刪除個人資料的權利？《私隱條例》有沒有賦予類似的權利？

這個權利可以被稱作「被遺忘權」（right to be forgotten），歐洲聯盟的《通用數據保障條例》（*General Data Protection Regulation*）賦予資料當事人該權利，資料當事人在符合某些特定要求下有權要求機構或企業刪除其個人資料[31]，讓資料當事人可掌控屬於自己的個人資料。

以下的行政上訴案件[32]亦曾討論這個議題。

投訴人在被拘捕後，其個人資料被傳媒廣泛報道，投訴人要求某網絡搜尋引擎公司刪除有關涉及其個人資料的新聞網站連結。根據行政上訴委員會提出的附帶意見，現行的《私隱條例》第 26 條及保障資料第 2 原則，不能被解讀為在《私隱條例》下賦予資料當事人獨立的「被遺忘權」。

縱然如此，市民可向有關的網絡搜尋引擎公司了解更多其可行使的權利，並要求根據有關的使用條款處理問題（例如存在不實的資料等）。若你希望了解更多有關「被遺忘權」在《通用數據保障條例》下的應用情況，可參考私隱專員發出的《歐洲聯盟〈通用數據保障條例〉2016 最新資訊》（2020 年 5 月修訂版）[33]。

---

31 見歐洲聯盟《通用數據保障條例》第 17 條。

32 行政上訴案件 2019 年第 15 號。

33 該小冊子可於私隱專員公署的網頁下載。

原則 3：個人資料的使用

- 除非得到資料當事人的訂明同意[34]或有關的使用受《私隱條例》所豁免[35]，否則個人資料不得用於「新目的」，即收集時擬將資料使用或直接相關的目的以外的目的。

1. 何謂「使用」？

根據《私隱條例》的定義，「使用」包括披露或轉移個人資料[36]。除了傳統的方式如將個人資料披露給另一機構，或將載有個人資料的通告張貼在告示板上之外，「使用」還包括將個人資料上載至互聯網（或在即時通訊應用程式上載）。

在使用他人的個人資料前，你必須弄清楚最初收集個人資料的目的。一般來說，可以從以下幾方面去判斷：

- 《收集個人資料聲明》（或相若文件）中述明的目的；
- 資料使用者的職能或活動；
- 資料當事人或披露者對使用資料的限制；及
- 個人資料是否從公共領域收集。

接着你需要考慮資料將被使用的目的，與最初收集資料的目的是否一致或「直接相關」。

---

34 《私隱條例》第 2(3) 條關於「訂明同意」的意思，是指該人自願給予的明示同意，但不包括已書面撤回的同意。

35 《私隱條例》第 8 部。

36 《私隱條例》第 2(1) 條。

2. 個人資料用於「新目的」

如上述，除非得到資料當事人的訂明同意或有關的使用受《私隱條例》所豁免，否則個人資料不得用於「新目的」。以下這宗個案或許有助你更了解何謂「新目的」。

在一宗有關物業管理公司的投訴中[37]，投訴人是某屋苑的業戶，他收到另一名業戶的來電，惟他從未向該名業戶提供他的電話號碼。在投訴人查問下，該名業戶表示他是由屋苑物業管理公司的一名保安員獲得投訴人的電話號碼。經調查後，私隱專員認為，投訴人當初提供其電話號碼予物業管理公司，是供其就物業管理的事宜與他聯絡。該名保安員向另一名業戶披露投訴人的電話號碼作私人聯絡，這顯然不符合當初收集投訴人個人資料擬將其使用的目的。私隱專員因此認為該物業管理公司違反了保障資料第 3 原則的規定。

3. 資料當事人的合理期望

甚麼是「直接相關」的目的？首先須檢視使用資料的目的，以考慮是否超出資料當事人的合理期望。舉例來說，在一般商業交易中，服務提供者如電訊服務商或銀行等，使用個人資料採取合法手段追討欠款以維護其合法權益，會被視為與收集資料時「直接相關」的目的，沒有違反保障資料第 3 原則的規定。

可是，在有些情況下，機構訂立的收集目的聲明往往因涉及的範圍太廣而超出資料當事人的合理期望，例子有在 2010 年發生的「八達通」事件。在這事件中，客戶難以預期「八達通」會將其個人資料出售予第三者圖利。

---

37 私隱專員的調查報告編號 R22-14226。

「八達通事件」[38]

八達通旗下的八達通獎賞有限公司推出日日賞計劃（「該計劃」），會員光顧參與商戶即可賺取「日日賞$」，換取特定貨品及服務。其後八達通獎賞有限公司被發現在 2002 年至 2010 年期間，與不同商業夥伴（包括保險及市場研究公司）簽訂合作協議，向他們披露該計劃的會員個人資料，以獲取金錢收益，卻沒有在該計劃的條款及細則內述明這樣使用他們的個人資料。

八達通獎賞有限公司指收集該計劃會員的個人資料有兩個目的：（一）推廣八達通卡成為方便的付款平台；（二）獎賞客戶。私隱專員認為涉及的交易其實是售賣個人資料（雖然當時未修訂的《私隱條例》沒有禁止八達通獎賞有限公司銷售個人資料[39]），此舉不能被視作收集資料的原本目的或直接相關目的。一般來說，客戶會預期該計劃屬客戶忠誠計劃，而並非讓八達通獎賞有限公司出售其個人資料圖利。再者，該計劃的收集個人資料聲明內沒有說明八達通獎賞有限公司會銷售客戶個人資料以取得利潤。因此，即使客戶在登記表格上簽署，表示同意收集個人資料聲明的內容，也不能構成對銷售個人資料的明示及自願的同意。基於以上情況，私隱專員認為八達通獎賞有限公司違反了保障資料第 3 原則的規定。此外，八達通獎賞有限公司的違例行為或行事方式是獲八達通控股有限公司授權營運。因此，依據《私隱條例》第 65(2) 條，私隱專員認為八達通控股有限公司須對八達通獎賞有限公司的違規作為或行為負上責任。

38　私隱專員的調查報告編號 R10-9866。

39　在案發時，《2012 年個人資料（私隱）（修訂）條例》仍未生效。

資料使用者披露個人資料之前，除了要考慮披露的目的外，也要考慮是否會過度披露個人資料，超乎資料當事人的合理期望，令他承受不必要的私隱風險，否則便會違反保障資料第3原則的規定。接下來，我們來看看外傭中介公司披露個人資料的方法有沒有不妥當的地方。

外傭中介公司在網上披露超乎適度的個人資料[40]

一些外傭中介公司會在櫥窗上貼滿外傭的相片及個人資料，甚至將有關資料上載至其網站供人查閱，方便僱主挑選合適的外傭。你瀏覽這類網頁時，有否留意中介公司披露了多少外傭的個人資料嗎？又有否想過他們的做法會否違反外傭的合理期望呢？

有別於一般工作，外傭須與僱主同住，負責一般家務及照顧家庭成員，朝夕相對的程度猶如家庭成員。因此，私隱專員在一宗案件中認為將外傭申請人的相片和背景資料上載至網站，有助準僱主因應自己的情況及要求挑選「合適」的外傭，此做法合乎外傭的合理期望。背景資料可包括外傭的體格、年齡、工作經驗、學歷、國籍、生活習慣如是否吸煙、宗教信仰、婚姻狀況、子女數目、家中排行及兄弟姊妹數目。

但另一方面，外傭的姓名、住址、護照或香港身份證號碼、家屬和前僱主的個人資料，並無確實需要在網上披露，此舉也會帶來不必要的私隱風險，令外傭的個人資料可讓不知名的第三者隨意查閱、複製、甚至與其他零碎的個人資料整合，永久保存。最終外傭中介公司接納私隱專員的意見，改以編號代替在網上展示外傭的姓名，同時不再於網上披露外傭的住址、家屬和前僱主的個人資料，

---

40 私隱專員的調查報告編號R14-1382。

待準僱主在網上初步選擇，以編號向外傭中介公司進一步查詢時，才披露外傭的相關資料。

4. 未經資料當事人同意使用其個人資料於其他目的

你有否發現過自己的個人資料在未經你的同意下被他人使用於其他目的？以下是其中一個例子。上文提及在一宗行政上訴案件中[41]，某辦事處的負責人在未經投訴人的同意下，擅自拆閱其電話月結單及利用投訴人的個人資料向電訊供應商要求終止電話服務。行政上訴委員會認為該辦事處的負責人在未得到投訴人的同意下，以投訴人的個人資料向電訊商要求終止固網電話服務的做法，違反了保障資料第 3 原則的規定。

5. 從公共領域取得的個人資料

不少人都有誤解，認為可任意使用從公共領域取得的個人資料。其實這些個人資料同樣受到《私隱條例》保障[42]。例如，從公共登記冊所收集的個人資料，除非獲得資料當事人明確和自願的同意，否則只可用於與設立公共登記冊時述明的目的或直接相關的目的。一些常見可供公眾查閱的登記冊包括：破產登記冊、出生登記冊、商業登記冊、公司登記冊、土地登記冊和婚姻登記冊。這些登記冊中載有敏感的個人資料如香港身份證號碼、居住地址及簽署樣式。若這些資料遭惡意使用，資料當事人可能蒙受經濟損失、身分盜竊，甚至被跟蹤及監視，危害人身安全。現今的資訊及通訊科技令資料更易被併合、配對及處理，甚至可在當事人不知情下建立個人資料

---

41 行政上訴案件 2019 年第 11 號。

42 可參閱私隱專員發出的《使用從公共領域取得的個人資料指引》。

檔案。這些活動可能使當事人身陷危機，例如遭到「起底」或網絡欺凌！

以下的個案可讓你明白日後使用從公共領域取得的個人資料時得加倍小心，以免違反保障資料第 3 原則的規定。

流動應用程式「起你底」[43]

多名市民向私隱專員投訴和查詢，指智能電話用戶可透過一個名為「起你底」（Do No Evil）的流動應用程式，搜尋與他們有關的訴訟案件、破產及公司董事資料。

用戶安裝程式後即可搜尋目標人物是否有該等紀錄，搜尋資料包括姓名和部分身份證號碼、地址、法庭類別、案件編號、民事案件性質、刑事案件的控罪、公司董事資料等。該程式以方便市民為招聘員工，以至家庭教師或傭工，處理物業租務或商業交易而進行盡職審查及背景審查作招徠。

「起你底」程式內能夠搜尋的個人資料是從以下途徑取得的：

- 法院或司法機構網頁張貼的每日刑事案件審訊表；
- 司法機構編制的民事訴訟案登記冊，以及上載至網頁的判詞；
- 破產管理署提供予公眾查閱的破產人士資料，以及在憲報刊登的有關破產令；
- 公司註冊處備存的各間有限公司的年報，從中可查閱董事的個人資料如姓名、地址、國籍和香港身份證或護照號碼。

---

43 私隱專員的調查報告編號 R13-9744。

私隱專員認為將有關個人資料供用戶作盡職審查和背景審查，超出了當事人對其個人資料被放在公共領域後會如何被再使用的合理期望，也與上述機構當初收集他們的資料的目的不相同，違反了保障資料第 3 原則的規定。

「股壇長毛」在網頁披露已匿名與訟人的姓名[44]

有「股壇長毛」之稱的 David Webb 是網上平台 Webb-site.com 的創辦人及編輯，該網站提供關於本港上市公司董事、法定或諮詢性質委員會成員、行政會議成員、立法會及區議會議員等公職人員的資訊。

投訴人是一宗離婚訴訟的當事人，法庭就該離婚訴訟分別頒下三份判決書。這些判決書在司法機構的網頁可查閱得到。司法機構其後應投訴人的要求，在判決書中以匿名代替其姓名。投訴人發現在 Webb-site.com 網站「尋人」（search people）功能一欄輸入她的姓名，該網站便會出現有關她的資料版面，版面中的三條超連結顯示了該三份判決書的標題，提述投訴人及其前夫的姓名。只要點擊該些超連結，便會被連接到司法機構網頁內該三宗已被匿名的判決。投訴人於是向 David Webb 要求刪除超連結，但結果被拒。

行政上訴委員會認為保障資料第 3 原則內的「在收集該資料時擬將該資料用於的目的」，是指當初收集該資料時的目的，即首個收集有關資料者（即司法機構）的目的。司法機構在其網頁上述明刊登法庭判決書的目的，是因這些判決書在法律觀點及法院實務程序方面均具有重大意義，並且關乎公眾利益，可以作為案件先例。行政上訴委員會考慮 David Webb 使用投訴人個人資料作一般報道

44　行政上訴案件 2014 年第 54 號。

及刊登的目的與法律無關，不符合司法機構刊登有關判決書的目的。由於 David Webb 沒有事先取得投訴人的同意而將她的個人資料用於「新目的」，故行政上訴委員會認為 David Webb 違反了保障資料第 3 原則的規定。

展出截取香港網絡攝錄機圖像的英國藝術展覽 [45]

一名藝術家進行的 Backdoored.io 項目利用搜尋引擎截取世界各地未有做好保安措施的網絡監察攝錄機的圖像。2016 年 8 月，該藝術家以香港上環一小區作為特寫，在英國倫敦一間美術館展出截取自該區的攝錄圖像，更複印部分圖像出售，事件引起當地傳媒關注。

由於這次網絡攝錄機的圖像披露不在香港發生，而《私隱條例》沒有域外法律效力，所以境外的資料使用者不受監管。不過鑑於被披露的截圖涉及香港居民，私隱專員透過與國際私隱執法機構合作，聯絡了英國資訊專員辦公室並表達關注。最終，該名藝術家及相關美術館移除可能識辨個別香港居民身分的圖像，並停止出售圖利。

其他日常生活例子

以下是一些日常生活中違反保障資料第 3 原則的例子：

- 攝影公司替新婚夫婦拍攝婚禮片段後，在未徵得當事人事先的同意下，在店舖內播放婚禮片段作宣傳之用。這種做法涉及披露當事人的全名及容貌，與當初收集的目的不符。
- 僱主在社交媒體帳戶上載一則「聲明啟事」，交代某僱員離職，宣布公司與該僱員再沒有任何關係，同時在啟事內一

45　私隱專員於 2016 年 8 月 16 日發出的新聞稿。

併披露解僱原因，屬過度披露僱員的個人資料，違反了保障資料第 3 原則的規定。

- 醫療機構向病人索取至親的資料作緊急聯絡用途，後來卻致電至親披露病人的欠款資料，以追討相關醫療費用，此舉是將病人的資料使用於新目的。

- 醫健通收集病人的醫療紀錄以用作治療目的，一名醫生透過查閱病人醫健通的紀錄以回應醫務委員會的調查，有關做法是違反了保障資料第 3 原則的規定 [46]。

6. 資料當事人的訂明同意

根據《私隱條例》，只要事先取得資料當事人的訂明同意，便可使用他的個人資料於新目的而不違反保障資料第 3 原則。何謂訂明同意呢？在《私隱條例》下的訂明同意 [47]，必須是資料當事人自願給予的明示同意，而又未被書面撤回的。「捆綁式同意」在《私隱條例》下是不獲接納的。

銀行的開立戶口申請表內的「捆綁式同意」[48]

某銀行在申請開立儲蓄及存款帳戶表格內的「聲明及確認」部分，註明申請人已獲提供一份通知書及確認明白和接受其中條款，該份通知書提述申請人的資料可能被用於「推廣本行及／或挑選的公司的銀行及金融服務或有關產品」。該銀行表示簽署該申請表，

46　行政上訴案件 2020 年第 23 號。

47　保障資料第 3 原則下的「訂明同意」，與規管「直接促銷」的條文中所指須獲得當事人的「同意」有所不同：前者需獲得當事人自願和明確的同意，而後者只需當事人表示不反對使用他的個人資料便已足夠。

48　私隱專員的調查報告編號 R11-1696。

即表示申請人已同意將其個人資料披露予另一保險公司作直接促銷之用。

私隱專員注意到該申請表上只得一處讓申請人簽署，不容許申請人另行選擇是否同意向無關的人士披露其個人資料，以作直接促銷。申請人須在下述兩者中作出選擇：（1）放棄申請開立銀行戶口，或（2）給予「綑綁式同意」，即同意該條款及細則的條文，以及該通知所訂明有關其個人資料的用途以得到銀行服務，即使他對有關的使用有異議。私隱專員認為這屬「綑綁式同意」，不是《私隱條例》下的自願和明確的同意。

原則 4：個人資料的保安

- 資料使用者須採取所有切實可行的步驟，保障個人資料不會未經授權或意外地被查閱、處理、刪除、喪失或使用。資料使用者在確保個人資料的保安時尤其須考慮資料的種類、儲存資料的地點及設備的保安措施、為確保能查閱資料的人的良好操守、審慎態度及辦事能力而採取的措施，及傳送資料而採取的措施等。
- 如資料使用者聘用（不論是在香港或香港以外聘用）資料處理者處理個人資料，須採取合約規範方法或其他方法，以防止轉移予該資料處理者作處理的個人資料未獲准許或意外地被查閱、處理、刪除、喪失或使用。

這原則的重點是資料使用者是否已採取所有切實可行的步驟去確保所持有的個人資料的保安，而不是一旦有個人資料外洩，便等同資料使用者已違反了這項保障資料原則。相反地，假如資料使用者沒有採取上述的步驟，即使個人資料沒有外洩，也可能被視為違反這項原則的規定。

1. 何謂資料外洩事故？

隨着科技急速發展，把紙本紀錄電子化是其中一種最有效的資料處理方式。不過，一旦發生資料外洩事故，電腦資料庫或資料系統的廣泛使用會令後果更為嚴重。近年電腦系統資料外洩事件頻生，當中黑客入侵或網絡攻擊的比例較以往大幅增加，其實這現象不難理解，因為資訊科技日新月異，機構較以往更廣泛地使用資訊系統及網絡處理個人資料，卻未有為其系統及資料庫採取適當的保安措施。若發生資料外洩事故，不僅會令機構聲譽受損，亦可能會因客戶流失影響生意額而造成不同程度的經濟損失，絕對不容忽視！

一般來説，資料外洩事故是指資料使用者（如機構）所持有的個人資料遭洩露，亦即是説有關資料可能被人在未經授權或意外的情況下查閱、處理、刪除、喪失或使用。視乎資料外洩的成因，很有可能屬違反保障資料第 4 原則的規定。以下是一些相關實例：

政府遺失載有全港選民資料的手提電腦 [49]

在 2017 年的行政長官選舉中，選舉事務處遺失了兩部存放在選舉後備場地的手提電腦。這兩部電腦分別載有約 1,200 名選舉委員會委員的姓名，以及約 378 萬名地方選區選民的個人資料，包括姓名、地址和身份證號碼（該 378 萬選民在這次行政長官選舉中並沒有投票權，除非他們同時是選舉委員會委員）。雖然上述事故中所涉及的個人資料已經多重加密儲存，外洩風險低，但私隱專員認為處方應可避免出現有關情況。調查結果顯示，處方為了提供查詢服務而備存全體選民的個人資料，但此舉帶來的效益與可能衍生的風險不合符比例。處方在審批該查詢系統時亦只依從過往做法，沒

49　私隱專員的調查報告編號 R17-6429。

有適時按情況檢視或更新，以制訂一套完善的制度。因此，私隱專員認為處方在遺失手提電腦一事上違反了資料保安原則，決定向有關部門發出執行通知，以糾正違規事宜及防止事故重演。

電訊公司的門市採用開放式設計

近年，有些電訊公司的門市採取開放式設計，把電腦熒幕擺放在公共地方。如果電訊公司沒有採取所有切實可行的步驟去確保熒幕上的客戶資料不被其他顧客看到，便可能違反《私隱條例》的規定。在一個案中，投訴人在採用上述設計模式的電訊公司門市發現在職員輸入其資料時，其他人站在職員身後並長時間盯着電腦熒幕。投訴人指電訊公司沒有採取切實可行的步驟去保障資料的保安，違反保障資料第 4 原則。雖然電訊公司指所有分店的電腦均已安裝偏光濾鏡、熒幕保護裝置及自動隱藏個人資料系統，也提議各店員調整熒幕的高度及角度令熒幕上的客戶個人資料不被他人看到，但私隱專員在視察相關分店後，認為電訊公司所採取的步驟不能防止其他人看到客戶的個人資料，因而向電訊公司發出執行通知，指令它必須更改服務台的設計，以免熒幕上的客戶資料被其他人看到。

亂棄街頭的病人紀錄[50]

你有沒有想過，交託他人處理的個人資料外洩的話，委託一方需要負上責任？

本書第 3 章提及在某一個案中，傳媒報道有途人在某密件處理服務公司的碎紙廠外，發現一卷被棄置並已損壞的打印用碳帶，碳帶上載有醫管局轄下某醫院 16 名病人的資料，包括姓名、身份證號

50　私隱專員的調查報告編號 R13-6740。

碼、出生日期、性別、地址及電話號碼。該密件處理公司是醫管局的廢料處理服務供應商。約兩個月後，傳媒在同一地點發現同屬醫管局轄下另一醫院的診症預約便條紙碎。

經調查後，私隱專員認為兩宗事故所涉及的廢料，即醫院碳帶及醫院診症預約便條，極可能是經密件處理公司處理。而醫管局和密件處理公司之間的合約未能確保碳帶獲妥善及徹底切碎，醫管局也未盡全責去管理該合約的執行，從未進行審計、檢討或核實密件處理公司有否遵從合約訂明的責任及條款。私隱專員認為醫管局沒有採取所有合理地切實可行的步驟，以確保病人的個人資料受保障而免受未經准許或意外的查閱，因而違反保障資料第 4 原則。

由此可見，資料使用者有責任確保個人資料的保安，這個原則也同樣適用於交託給他人處理的資料。

2.　資料外洩事故通報

相信你會留意到，不時有傳媒報道某某機構表示已向私隱專員通報資料外洩事故，或提及私隱專員正跟進某機構的資料外洩事故。你可能會問，如果不幸遺失了手提電話，儲存在電話內的相片等個人資料可能會外洩，又是否需要向私隱專員公署通報資料外洩呢？

如你遺失私人手機，擔心私人影片、相片及聯絡方法等敏感資料外洩，而你事前又已開啟遙距資料抹除功能，你可使用其他裝置登入你的帳戶，遙距刪除儲存在該手機內的資料。當然，未雨綢繆，記得要為手機設定高強度的密碼，保障手機內的資料。

另一方面，如你遺失僱主提供給你使用的手機或手提電腦，而當中載有客戶的個人資料，你應盡快通知你的僱主或上司，以便採取適當的補救措施。

雖然現行的《私隱條例》沒有規定資料使用者須向私隱專員通報資料外洩事故，不過，私隱專員公署一直鼓勵機構若發生資料外洩事故，應盡快通知私隱專員公署，以妥善處理有關事故。同時，私隱專員公署亦建議機構盡企業的管治責任，通知受影響的資料當事人和其他相關人士，讓他們保持警惕，並考慮是否需要採取相應的行動，例如更改登入密碼。

3. 處理資料外洩的指引

私隱專員公署就資料外洩的處理及通報制訂了指引[51]，為機構發生事故時能即時作出適當的應變措施提供建議。通報機制屬自願性質，一旦發生資料外洩事故，機構可跟從該指引的行動計劃行事，採取補救措施以減低資料外洩事故對個人可能造成的傷害或損害。機構可填寫資料外洩事故通報表格，向私隱專員作資料外洩通報。不論肇事機構有否向私隱專員公署作出通報，私隱專員也可對事故展開調查，並在適當的情況下向肇事機構發出執行通知，以指令其執行補救措施及防止外洩事故再次發生。

4. 借鑑個案

私隱專員公署近年接獲的資料外洩事故通報主要涉及黑客入侵、系統設定有誤、僱員未經授權查閱系統、遺失文件或便攜式裝置、經電郵或郵遞意外披露個人資料，以及意外銷毀個人資料等情況。你可以從下列個案了解機構採取適當保安措施以保障客戶個人資料的重要性。

---

51 可參閱私隱專員發出的《資料外洩事故的處理及通報指引》。

服裝公司的客戶資料系統遭未獲授權的查閱

一間國際連鎖服裝公司向私隱專員公署通報，指其載有電子商務客戶及忠誠計劃會員的客戶個人資料系統被勒索軟件[52]攻擊，導致資料外洩事故。事故涉及約 20 萬名客戶的個人資料，包括姓名、電話號碼、電郵地址、性別及年齡組別。該公司聘請獨立顧問調查事故，調查結果顯示該公司未能發現一個已為人知的保安漏洞，讓攻擊者成功透過該漏洞，使用有效憑證資料登入客戶個人資料系統，於該公司的網絡系統安裝勒索軟件。

該公司事後掃描系統以尋找出所有已識辨的漏洞並作出修補，加強監控系統的保安偵測及保護措施，以及採用多重身分認證登入系統。事實上，若該公司定期檢視及監察其網絡的保安措施，並適時進行測試及安裝相關系統的保安修補，便可以避免是次資料外洩事故。

電訊商的客戶資料庫遭入侵[53]

2018 年 4 月，一間電訊服務供應商發現一個已停用的資料庫遭未經授權入侵，導致近 38 萬名客戶及服務申請者的個人資料外洩。儲存在涉事資料庫內的個人資料包括姓名、電郵地址、通訊地址、電話號碼、身份證號碼和選擇以信用卡付款的人士的信用卡資料（例如持卡人姓名、信用卡號碼和到期日）。由於涉及大量及敏感的個人資料，私隱專員就事件展開調查。

---

52 勒索軟件一般是指一種阻止或限制用戶使用電腦系統的惡意軟件，黑客會把用戶的電腦檔案加密，令用戶無法存取電腦檔案，藉此要求用戶繳付贖金。

53 私隱專員的調查報告編號 R19-5759。

機構應定期檢視及監察網絡的保安措施，避免黑客透過保安漏洞取得客戶的個人資料。

事發時，該電訊服務供應商分別將客戶資料儲存在三個資料庫內。遭黑客入侵的資料庫是一個已停用的資料庫，儲存截至 2012 年的客戶和服務申請者的個人資料。調查發現涉事資料庫本應在 2012 年完成系統遷移後被刪除，卻因人為疏忽而被保留，並繼續連接內部網絡。涉事資料庫的保安措施不足，修補程式沒有更新，資料沒有加密處理。此外，該電訊服務供應商在事發前沒有仔細考量舊客戶個人資料的保留期限和制訂內部的保留資料指引，導致保留舊客戶的資料時間過長。調查亦發現黑客利用一名有管理權限的資訊科技開發組員工的帳戶憑證，透過遠程接達服務進入該電訊服務供應商的網絡系統，最終成功竊取資料。該員工並沒有按照公司的資訊科技政策的要求每三個月更改帳戶密碼，這同時反映該電訊服務供應商未有採取技術措施強制定期更改密碼。

私隱專員認為該電訊服務供應商違反《私隱條例》保障資料第 2 及第 4 原則，向該電訊服務供應商發出執行通知，以糾正及防止違規事宜。是次事件除了反映確保資料保安的重要之外，亦説明不必要地保留個人資料確實增加了資料外洩的風險。

大學在電郵內意外披露學生的個人資料

看到這裏，你可能會認為資料外洩事故必定涉及龐大的資料庫被攻擊，或是遺失載有個人資料的裝置。令人驚訝的是，一封電郵也足以釀成資料外洩事故。一所大學的員工以密件副本方式發送電郵，通知學院的部分非本地學生有關大學的隔離安排。但當該員工在一份載有所有學生的總表中選取非本地學生的電郵地址時，意外地在電郵中夾附了該總表。

該總表載有約 2,500 名學院學生的姓名、出生日期、國籍、電郵地址、通訊地址及聯絡電話號碼。由於該些個人資料被不必要地披露予該電郵的所有收件者，涉事大學向私隱專員公署通報上述事故。

大學持有大量學生的個人資料，因此應採取切實可行的措施，確保負責處理學生個人資料的員工接受培訓，員工亦應遵從並審慎執行有關個人資料私隱方面的政策。因應該事故，該大學已要求所有寄給部門以外並載有個人資料的電郵，必須在發送前由另一位員工檢查。此外，載有學生個人資料的工作檔案（例如涉事的總表）必須加密保護。

牙科診所向病人展示其他病人的醫療紀錄 [54]

一名投訴人到牙科診所求診。牙醫與投訴人商討治療方案期間，展示另一位病人的牙骨 X 光片，以輔助解說，但該 X 光片清晰顯示了該名病人的姓名。另一方面，由於投訴人要向牙醫提供早前的驗血報告，該牙醫的助理遂要求投訴人通過即時通訊軟件傳送報告給他。投訴人認為由上述兩件事情可見，該診所對病人的個人資料保障不足，遂向私隱專員公署投訴。

就個人資料保安方面，私隱專員認為，牙科診所作為資料使用者，有責任確保員工在使用或處理個人資料（尤其涉及敏感的個人資料，如病歷資料、化驗報告等）時，須依從保障資料第 4 原則，採取所有切實可行的步驟，以確保個人資料受保障而不受未獲准許的或意外的查閱、處理、刪除、喪失或使用。

使用即時通訊軟件傳送文件既方便又快捷，但在傳送敏感的個人資料時，資料使用者應加倍提高警覺。就上述的個案而言，私隱專員建議診所應採取其他較安全的傳送方式，例如加密電郵或親身送遞。作為良好的行事方式，即使要求病人以即時通訊軟件提交個人資料，診所職員亦應向病人說明這種傳送方式的風險，以及讓病

54　私隱專員的投訴案件編號 2019C09。

人自行選擇提交方式。同時，診所亦應提醒職員，不可轉發經即時通訊軟件接收的病人資料，以及在完成使用有關文件的目的後，必須立即將文件刪除。

另一方面，在以上的個案中，雖然牙醫向病人講解治療方案時以類似個案的 X 光影像輔助，希望令病人更容易理解治療方案，看來是出於好意，但若不慎披露了其他病人的個人資料，便有違反《私隱條例》之嫌，效果適得其反。私隱專員要求該診所敦促職員，日後在處理類似本案的情況時必須加倍謹慎小心。

公眾對個人資料私隱保障的期望與日俱增，加上病歷資料屬敏感的個人資料，醫療機構應考慮資料的性質和敏感程度，採取適切的資料保安措施，確保醫護人員特別小心謹慎處理病人資料，提高他們的個人資料保安意識，方能符合公眾的合理期望及履行保障個人資料的道德責任。

食肆對登記顧客資料採取的保障措施 [55]

為應對 2019 冠狀病毒病疫情，政府規定食肆負責人須確保顧客在進入食肆前利用手提電話流動應用程式「安心出行」掃瞄場所二維碼，或登記其姓名、聯絡電話及到訪食肆的日期及時間。上述規定於 2021 年 2 月實施後，私隱專員接獲多名市民投訴，指稱有食肆未有妥善處理顧客登記資料。

私隱專員對 14 間食肆展開調查，發現當中 11 間食肆對登記的個人資料所採取的保安措施不足，例如使用共用的登記表格或登記簿、沒有設置表格收集箱、沒有確保表格收集箱時刻蓋好等。涉事的 14 間食肆其後已採取相應的補救措施。為防患未然，私隱專員決

55　私隱專員的調查報告編號 R21-2485。

定向所有涉事食肆發出執行通知，要求涉事食肆採取適當及切實可行的措施，保障顧客的登記資料，並指明涉事食肆須採取的步驟以防止有關的違反情況再次發生。有關步驟包括制訂書面政策及指引，並透過定期向職員傳閱指引文件及提供培訓，以提升保障個人資料的意識。

影像服務供應商針對數據庫所採取的保障措施 [56]

在另一個案中，私隱專員收到一影像服務供應商的資料外洩事故通報，表示其網上商店的數據庫遭勒索軟件攻擊及惡意加密，事件影響該供應商的多名會員及客戶。在這個案中，私隱專員發現該供應商在個人資料風險意識及個人資料保安措施方面存在嚴重不足，包括錯誤評估保安漏洞的風險、資訊系統管理有欠妥善及拖延啟用多重認證功能，導致公司的數據庫遭勒索軟件攻擊。私隱專員認為該供應商沒有採取所有切實可行的步驟以確保涉事的個人資料受保障而不受未獲准許的或意外的查閱、處理、刪除、喪失或使用所影響，因而違反了《私隱條例》保障資料第 4(1) 原則的規定。私隱專員遂向該供應商送達執行通知，指示它糾正違規情況以及防止違規情況再發生。

醫療機構針對病人醫療紀錄所採取的保障措施 [57]

某一醫療機構向私隱專員作出資料外洩事故通報，表示旗下一間醫務中心意外棄置一個載有病人醫療紀錄的紙箱，事件涉及多名病人的個人資料。在這個案中，私隱專員發現該醫療機構在個人資料的保安方面存在嚴重不足，包括員工的個人資料保障意識欠奉、

56　私隱專員的調查報告編號 R22-18947。

57　私隱專員的調查報告編號 R22-12326。

欠缺有效的資料保障政策和程序，以及欠缺為員工提供個人資料保障方面的培訓。私隱專員認為該醫療機構沒有採取所有切實可行的步驟以確保涉事的醫療紀錄受足夠的保障，因而同樣地違反了《私隱條例》保障資料第 4(1) 原則。私隱專員因此向該醫療機構送達執行通知，指示它糾正及防止有關違規情況再發生。

在處理敏感個人資料（例如醫療紀錄）時，資料使用者應更注意保障該等個人資料的安全。資料使用者應考慮執行以下措施，以減低資料外洩的風險：

- 設立個人資料私隱管理系統，循規地使用及保留個人資料；
- 委任保障資料主任，監察《私隱條例》的遵從並向高級管理層匯報；
- 提升僱員的個人資料保障意識，並為機構建立保障個人資料文化；
- 向僱員提供全面的培訓，將個人資料保障的意識滲入其日常工作之中，減低因意識不足而引致的人為錯誤；及
- 不論屬電腦或是實體系統處理個人資料的保安措施均應同樣重視，投放相應資源，加強有關的保安措施。

流動應用程式傳送未經加密的個人資料

現時不論甚麼年紀的人士都「機不離手」，大小事務都透過手機辦理。雖然網上活動和交易方便了我們的生活，但同時亦為個人資料私隱帶來不能忽視的風險。

私隱專員公署除了跟進資料外洩事故通報及投訴個案，同時會檢視個別資料使用者涉及大規模收集和使用個人資料的行動。

私隱專員公署曾在 2020 年下半年就本地研發及營運並涉及收集個人資料的流動應用程式，進行保安測試，以檢視有關公司是否符合保障資料第 4 原則的要求。私隱專員公署發現 14 個流動應用

程式沒有進行足夠的加密處理，以保障所傳送的個人資料。攻擊者因而有機可乘，干擾數據傳送，暗中竊取資料或修改傳送路徑。

所有機構接納私隱專員公署的建議，更新相關應用程式，採用加密工具保障所傳送的個人資料。機構亦承諾會定期檢視及更新其流動應用程式，以確保個人資料獲得足夠的保障。

社交媒體的個人資料私隱風險

社交媒體提供平台讓用戶透過互聯網或應用程式，分享內容和交流意見、觀點、經驗等。儘管絕大部分社交媒體無須付費便可建立帳戶，然而用戶幾乎必須向社交媒體提供或分享其個人資料才可使用有關服務。同時，某些社交媒體亦會收集用戶的個人資料以分析用戶的喜好及個性，繼而協助商戶投放個人化廣告以帶來更大商業利益，但用戶的個人資料包括位置紀錄及行蹤的外洩風險亦隨之而增加。

私隱專員公署於 2021 年 11 月至 12 月檢視了香港十大最常使用的社交媒體，並於 2022 年年初發表《社交媒體私隱設定大檢閱》報告 [58]。根據檢視結果，所有被檢視的社交媒體都有擬定私隱政策，而它們收集的個人資料種類繁多，由 12 至 19 種個人資料不等。另外，所有被檢視的社交媒體均會收集用戶的位置資料（不論是用戶的精準或粗略位置）。

私隱專員公署向各社交媒體營運者提供建議，包括應持續採取「貫徹私隱的設計」，優化其服務，並向用戶提供更多私隱相關功能，增加用戶的選擇；應留意所收集的個人資料種類，避免收集超乎提供服務所需的資料；及不應將位置追蹤功能預設為開啟等。

---

58 該報告可於私隱專員公署的網站下載。

在使用社交媒體時，
應選用強密碼，
並啟用社交媒體的雙重認證功能，
以加強保障帳戶安全。

如你是社交媒體的用戶，亦應留意以下的建議（以下列舉的並非全部）：

- 在註冊帳戶前，細閱社交媒體的私隱政策、開設專為社交媒體而設的電郵帳戶，並只提供必須的個人資料；
- 檢查社交媒體的預設保安或私隱設定，以及個別社交媒體搜尋用戶的方式，將個人資料隱藏並設置最高私隱權限；
- 如無須使用裝置內的位置追蹤功能，考慮關閉有關功能，以避免社交媒體收集位置資料；
- 在發布內容前，留意發布內容的私隱選項以選擇適合設定；
- 在選用即時通訊軟件前，留意相關的軟件有否提供端對端加密傳送技術，以加強傳送資料的保密性；
- 採用強密碼，並啟用社交媒體的雙重認證功能，以加強保障帳戶安全；
- 盡量避免在公共 Wi-Fi 或不安全的 Wi-Fi 連接下在社交媒體進行交易，減低信用卡資料外洩的風險；及
- 家長／監護人可考慮啟用家長管控功能，提醒子女過度披露或分享個人資料的後果。

5. 機構的責任

《私隱條例》要求機構採取「所有切實可行的步驟」，確保個人資料的保安，以應付可能出現的資料外洩事故。需要採取的步驟和需履行的資料保安責任會因應每宗個案的事實和情況而定，考慮因素可包括行業、特定業務的規模和複雜性、所涉及的個人資料的數量和敏感程度等。無論如何，機構必須定期進行風險評估，以便採取適當的保安措施保障其持有的個人資料。機構尊重客戶的個人資料才能贏得信任，保持在市場上的競爭力。

原則 5：資訊須在一般情況下可提供

　　資料使用者須採取所有切實可行的步驟，確保任何人都能確定資料使用者在個人資料方面的政策及實務；以及獲告知資料使用者在所持有的個人資料的種類和持有的個人資料會被使用於甚麼主要目的。

1. 政策及實務須公開及具透明度

　　你若想了解某機構在個人資料方面的政策及實務，可要求它提供相關資訊，指明索取《私隱政策聲明》。《私隱條例》沒有規定資料使用者要以哪種形式或展示方式遵守這規定，但私隱專員認為良好的行事方式是制訂書面的《私隱政策聲明》，以便能清晰有效地傳達資料使用者在個人資料管理方面的政策及實務，同時避免將來不必要的紛爭。

　　上文提及一名立法會議員因不滿公職人員記錄立法會議員在議會大樓內的行蹤，而向行政上訴委員會提出上訴的案件[59]。其中，上訴人指政府沒有告知他有關記錄職務的政策及實務，違反了保障資料第 5 原則。行政上訴委員會認為保障資料第 5 原則並無要求須通知特定的人士。在執行有關記錄職務前，政府當局已透過立法會行政管理委員會向立法會議員提供相關職務的詳細資料，所以政府並沒有違反保障資料第 5 原則的規定。

59　行政上訴案件 2018 年第 8 號。

2. 《私隱政策聲明》的具體細節

相信你還記得上文曾提及資料使用者須在特定情況下向資料當事人提供《收集個人資料聲明》。與之相比,《私隱政策聲明》涵蓋的範圍更廣闊。

《私隱政策聲明》應包括以下基本範圍:

範圍	內容
政策聲明	述明資料使用者在保障個人私隱權益方面,為向其提供的個人資料所作出的整體承擔。 例子:「我們承諾遵守《個人資料(私隱)條例》下有關管理個人資料的規定,保障我們所持有的個人資料的私隱、保密性及安全。我們同樣承諾確保我們所有僱員及代理堅守這些責任。」
實務聲明	述明資料使用者所持有個人資料的種類及有關資料的使用目的。收集個人資料的種類應視乎資料使用者的實際運作需要。這些資料可能包括身分識別資料、聯絡資料、財務資料(入息/儲蓄/付款等)、興趣、喜好(語言、網頁版面等)、流動裝置的位置資料(location information of mobile devices)、瀏覽器資料(browser details)、IP 地址(IP addresses)等。至於有關資料的使用目的則包括為交付貨物/服務、管理帳戶、處理訂單、便利瀏覽網站、編製網站使用方面的整體統計數字等。 例子:「我們所收集及持有關於你的個人資料、工作詳情、薪酬及福利、考核及紀律處分的紀錄將會用於人力資源管理用途。」

較完備的《私隱政策聲明》還包括資料保留政策、資料保安政策、資料外洩的處理、是否使用 cookies[60] 收集個人資料等內容。

無論是現實世界或網絡世界的資料使用者,都應以易於查閱的方式提供《私隱政策聲明》。常見的方式包括在來電接通後加插一段預錄口訊把相關資料告知客戶,或是在機構的壁佈板或網頁張貼

---

60 即由你到訪過的網站在你的電腦中儲存的檔案,當中載有你的瀏覽歷史、喜好,甚至是網上購物籃的選擇等。

其《私隱政策聲明》[61]等。越來越多擁有網站的機構要求客戶在使用網站服務前，先閱讀關於其保障個人資料方面的資訊（當中包括《私隱政策聲明》），也有機構把相關資訊放在顯眼的位置（例如在網站主頁及各頁面的上端或下端，以顯眼的連結提供《私隱政策聲明》）。下次你瀏覽個別機構的網站時，不妨留意一下它們的私隱政策及實務是否具透明度。

3. 機構須就處理員工的個人資料訂立政策

為避免員工偷懶，不少僱主在辦公室內安裝監控系統，攝錄員工的工作狀況、監控電郵及互聯網瀏覽等並不罕見。這些系統一般都涉及收集個人資料。僱主要怎樣做才不會違反相關規定呢？

僱主應制訂清晰的監察政策及實務守則，告知僱員辦公室的監控程度、範圍及方式；如何管理收集所得的個人資料；個人資料將會被如何使用等。其實，就算是以備不時之需，或無打算開啟錄影、錄音功能，僱主都應從僱員的角度考慮並顧及他們的疑慮，告知或解釋相關做法的原因。何況為了特別原因而需要透過這些系統翻查某僱員的資料時，便會涉及收集該僱員的個人資料呢！

在辦公室裝設隱蔽式錄像鏡頭防「家賊」[62]

某機構接二連三發生失竊事件，故決定安裝六部針孔攝錄機進行全天候 24 小時的隱蔽錄像監控，希望能夠找出犯罪者及搜集證據。為免打草驚蛇，管理層決定不向員工透露這次秘密行動。

---

61 根據行政上訴案件 2003 年第 35 號及 2014 年第 17 號的決定，機構分別在其壁佈板及網頁張貼其《私隱政策聲明》的做法可視為符合保障資料第 5 原則。

62 私隱專員的調查報告編號 R05-7230。

可惜事與願違，秘密行動尚未成功，已被媒體揭發僱主在洗手間及更衣室附近安裝攝錄鏡頭。

經調查後，私隱專員認為該機構沒有制訂與監察僱員有關的個人資料私隱政策，也沒有採取任何方式讓受影響的僱員了解收集及使用資料的目的、可能進行監察的情況、監察的方式及所收集的個人資料類別等詳情，因而違反了保障資料第 5 原則的規定。私隱專員除了向該機構發出執行通知外，也在調查報告內向需要進行錄像監察的機構提出一些建議，當中的要點包括：

1. 僱主在監察僱員的活動時，應先評估措施對個人資料私隱可能構成的負面影響。可以的話，應以私隱侵犯程度較低的做法作替代。
2. 為了減低員工對私隱問題的憂慮，僱主應制訂清晰的錄像監察活動的私隱政策聲明，並將有關聲明告知受影響人士。
3. 即使僱主認為隱蔽式監察是有絕對必要，也應注意監察的範圍及執行時期，亦應盡可能在其私隱政策聲明上充分列明需要進行隱蔽式錄像監察的特殊情況，並且讓受影響人士知悉。
4. 在進行錄像監察所涉及的人員，所得片段的保留時間、如何安全地銷毀或棄置等亦應在私隱政策聲明內詳細交代。

4. 必須讓僱員知悉有關監察政策

除了錄像監察外，有些僱主也會監察僱員的電腦使用情況。曾有一名僱主因懷疑某員工使用辦公室的電腦作私人事務，某天下班後借故需要某項目的資料，向該僱員索取開啟電腦的密碼，藉此透過 cookies 查看該僱員瀏覽網頁的紀錄。在私隱專員調查案件期間，該僱主表示根據其內部政策，由僱主提供的電腦屬僱主的財產，只可用於與工作相關的用途，內部的政策亦說明公司的伺服器存有個別電腦的上網紀錄（包括所瀏覽的網頁及時間），而公司可作隨機

抽查。然而，行政上訴委員會注意到該員工入職時未獲告知有關內部政策的內容及查閱方法，所以行政上訴委員會認為該公司可能違反保障資料第 5 原則的規定，指示私隱專員作進一步調查[63]。

身為僱員的你也可能同時是家傭的僱主。任意在家中使用攝錄機監察家傭的活動在本質上是侵犯了家傭的私隱。在顧及所須處理的風險及家傭的私隱權後，僱主必須慎重考慮是否確有需要進行這類監察。如你的家居情況特殊，有需要監察家傭在工作中的行為或活動，你也要毫不含糊地告知家傭屋內裝有監察系統，以促進彼此的互信和諒解。另外，為免日後爭拗，書面通知形式較口頭形式為佳。只有在非常例外的情況下才可以不告知家傭，例如是為了搜集懷疑虐待家中幼兒或老人及其他不當行為的證據[64]。

原則 6：查閱及改正個人資料

- 資料當事人有權要求資料使用者確定是否持有屬於自己的個人資料，以及要求查閱其個人資料。另外，資料當事人亦有權在發現資料使用者持有的個人資料不正確時要求改正。

1. 查閱資料要求

保障資料第 6 原則說明資料當事人有權向資料使用者提出查閱資料要求。資料當事人在支付不超乎適度的費用後，可在合理時間

---

63 行政上訴案件 2006 年第 14 號。

64 可參閱私隱專員發出的《僱主監察僱員工作活動須知：家傭僱主應注意的事項》。

內獲得其所要求的個人資料。若資料使用者拒絕查閱資料要求，便要提供理由。而資料當事人可就拒絕的理由提出反對[65]。《私隱條例》另有相關條文規定具體細節[66]。

2. 查閱資料要求可包括甚麼？

除了可獲告知該機構是否持有屬於自己的個人資料外，你也有權要求索取一份複本（如該機構持有所要求的資料）。透過查閱資料要求索取的個人資料常見例子有工作表現評核報告複本、醫療紀錄複本或與個別服務供應商簽署的申請表格複本等。由於市民大眾對保障個人資料的意識有所提升，以查閱資料要求方式向相關的機構要求索取文件複本的情況非常普遍。但是必須留意，《私隱條例》只容許查閱屬於當事人的個人資料。即是說，經此途徑未必可獲得整份文件的複本。

值得注意的是，《私隱條例》只容許資料當事人或其有關人士就資料當事人的個人資料提出查閱資料要求。根據《私隱條例》第2條及第17A條，「有關人士」包括：

- 如資料當事人尚未成年，即該未成年人的父親、母親或法定監護人；
- 如資料當事人無能力處理本身事務，即由法庭委任代他處理事務的人；
- 如該名個人屬《精神健康條例》[67]第2條所指的精神上無行為能力，即根據該條例獲委任擔任該名個人的監護人的人；及

---

65 保障資料第 6 原則 (a) 至 (d) 條。

66 《私隱條例》第 5 部的第 1 分部（第 17A 至 21 條）及第 3 分部（第 27 至 29 條）。另可參閱由私隱專員發出的《資料使用者如何妥善處理查閱資料要求及收取查閱資料要求費用》。

67 香港法例第 136 章。

- 資料當事人書面授權的人等。

我們可以透過以下幾宗行政上訴案件，了解如何提出有效的查閱資料要求。

在一個案中，投訴人向醫院管理局提出查閱資料要求，要求查閱其父親留院的相關資料。行政上訴委員會認為由於投訴人並不符合《私隱條例》下有關查閱資料要求之「有關人士」的定義，所以有關查閱資料要求並非有效[68]。

在另一個案中，投訴人向某宗教團體提出一項查閱資料要求，要求提供一名曾向該宗教團體舉報投訴人行為不當的人士的個人資料[69]，並指稱有關要求是由於要處理一宗海外的司法訴訟。行政上訴委員會認為基於投訴人並非該資料當事人或其「有關人士」，故不符合在《私隱條例》下可提出查閱資料要求的人士之身分。

此外，在《私隱條例》下，查閱資料要求只可向「資料使用者」提出，並不適用於「資料處理者」。曾有投訴人向出版商提出查閱資料要求。該出版商獲司法機構授權出版一本輯錄法庭判案書的法律刊物。由於該出版商只是作為「資料處理者」代司法機構處理有關資料，並非《私隱條例》下的「資料使用者」，所以出版商沒有責任依從投訴人的查閱資料要求[70]。

另外，機構沒有責任為遵從查閱資料要求而提供或製作它本身不持有的個人資料。舉例說，如有投訴人向前僱主提出查閱資料要求，索取「與辭退本人的原因有關的資料」。除非有關原因已記錄

---

68 行政上訴案件 2019 年第 17 號。

69 行政上訴案件 2018 年第 20 號。

70 行政上訴案件 2018 年第 11 號。

在某些文件內，否則該僱主沒有責任為遵從其要求而重新以書面列出有關原因。

3. 如何提出查閱資料要求？

查閱資料要求須以書面提出，中文或英文均可。私隱專員發出了指定的查閱資料要求表格[71]供資料當事人使用[72]，而該表格內列明須提供的資料（例如具體地描述希望查閱的資料的類別、載列資料的文件等），令資料使用者更易於理解資料當事人的查閱資料要求。

現在可參考以下個案以了解提出查閱資料要求需要注意的地方。

投訴人向執法機構提出查閱資料要求，要求提供一宗發生於數十年前與投訴人有關的交通意外資料[73]。由於投訴人未有提供身分證明文件或其他資訊，以顯示他確實是涉及當年意外的同一人（當時的姓名與現在的不同）[74]，亦沒有列明所要求的資料所涉及的確實或合理時間範圍[75]，投訴人同時向執法機構提交其他兩項相類似的查閱資料要求[76]，行政上訴委員會認同有關的執法機構可根據《私隱條例》第 20 條，拒絕依從投訴人的查閱資料要求。

71　該表格（OPS003）可於私隱專員公署網頁下載。

72　若不使用該表格，資料使用者有權根據《私隱條例》第 20(3)(e) 條，拒絕依從查閱資料要求。

73　行政上訴案件 2020 年第 1 號。

74　根據《私隱條例》第 20(1)(a)(i) 條，資料使用者有權因為提出要求者未能提供其身分資訊，拒絕依從查閱資料要求。

75　根據《私隱條例》第 20(3)(b) 條，資料使用者有權因提出要求者未能提供所需的合理資訊，拒絕依從查閱資料要求。

76　根據《私隱條例》第 20(3)(c)(i) 條，資料使用者有權因要求者提出 2 項或以上類似的要求，並在依從該項要求是不合理的情況下，拒絕依從查閱資料要求。

投訴人以網上舉報罪案形式向執法機構闡述四宗涉及投訴人的刑事案件，並要求執法機構提供當時負責該四宗案件的執法人員的個人資料[77]。行政上訴委員會認為，由於投訴人所要求索取的個人資料屬於第三者而非投訴人的個人資料，因此認同該執法機構可拒絕依從投訴人的查閱資料要求。

　　在另一宗案件中，投訴人向三個不同機構作出資料查閱要求，包括要求機構提供曾處理投訴人案件及事務的公務人員的個人資料，但沒有提供如查閱資料範圍等詳情[78]。行政上訴委員會認為投訴人要求索取的個人資料屬於第三者而非投訴人的個人資料，而投訴人亦沒有清楚地列出他所要求的資料及採用《私隱條例》所訂明的表格作出要求，因此相關機構拒絕處理其要求並非不合法及／或不合理。

4. 是否必須遵從查閱資料要求？機構收到查閱資料要求是否要有求必應？

　　若資料使用者收到查閱資料要求，須在 40 個曆日（而非工作日）內向查閱資料要求者提供所要求的資料複本[79]。不過，《私隱條例》訂明資料使用者在某些情況下必須或可以拒絕依從查閱資料要求[80]。另外，若所要求的資料涉及其他人士的個人資料（例如姓名或其他身分識辨資料），而資料使用者在略去該些第三者的個人資

77　行政上訴案件 2020 年第 4 號。

78　行政上訴案件 2019 年第 27 號。

79　《私隱條例》第 19(1) 條。

80　《私隱條例》第 20 條。

料即可依從該查閱資料要求的話，便不可以這個原因來拒絕該查閱資料要求[81]。

以下的例子說明了不同情況下對查閱資料要求的處理方法。

一名投訴人向曾為他診斷的醫生提出查閱資料要求，索取由該醫生診症時所撰寫的書面解釋、報告及／或陳述的複本。該醫生向投訴人提供的文件中，一份標題為「對投訴人的回應……」的文件裏，其中有一句被遮蓋，理由是那是該醫生就診斷所作出的意見。高等法院原訟法庭指出，若文件的作者在該份文件中發表有關資料當事人的意見，則該等意見屬於該名資料當事人的個人資料，而該名資料當事人有權查閱及／或索取其複本。相反，若有關意見僅屬文件的作者並非針對該資料當事人本身所發表的意見，則除非有關意見間接地與該名資料當事人相關，否則便不屬於該名資料當事人的個人資料，而投訴人也無權查閱及／或索取該資料[82]。

再來看看另一個案，一名投訴人向其前僱主提出查閱資料要求，索取其工作評核報告的複本。該前僱主向投訴人提供了所要求的報告，但報告中相關評核人員、審查人員及覆核人員的名字、職銜及簽署均被遮蓋。行政上訴委員會認為被遮蓋的部分不屬投訴人的個人資料，而由於該些資料會令該等人員的身分曝光，故此該前僱主把相關的第三者個人資料遮蓋以依從該查閱資料要求，是符合《私隱條例》的做法[83]。

另外，值得注意的是，查閱資料要求只限於與《私隱條例》下保障個人資料私隱的權利有關，而非用作「尋求真相」之用。以下

---

81 《私隱條例》第 20(1)(b) 及 20(2) 條。

82 行政上訴案件 2006 年第 27 號及 *Wu Kit Ping v Administrative Appeals Board* [2007] 4 HKLRD 849（高院憲法及行政訴訟 2007 年第 60 號）。

83 行政上訴案件 2012 年第 15 號。

的個案中，投訴人提出查閱資料要求的目的與保障個人資料私隱並無任何關係，故行政上訴委員會認為資料使用者可拒絕依從該些查閱資料要求：

- 投訴人曾向前僱主提交查閱資料要求，欲藉此查閱與其有關的調職安排、紀律聆訊及將其解僱相關的文件[84]。行政上訴委員會認為投訴人提出該查閱資料要求的目的是為了尋求他被解僱的「真相」，而非為了保障個人資料私隱。
- 醫務委員會拒絕應投訴人的投訴就一名醫護人員涉專業失德及疏忽的行為召開紀律聆訊[85]。投訴人向該委員會提交查閱資料要求，索取其初步偵訊的會議紀錄、專家證人報告及有關醫護人員代表律師就該投訴作出的回覆。行政上訴委員會認為投訴人藉查閱資料要求純粹是想「尋求事實真相」，以了解該委員會為何不追究該醫護人員的責任，而非為了保障個人資料私隱。
- 投訴人向某執法機構提交兩次查閱資料要求以獲得一份調查報告，而有關報告的內容後來被發現為導致該執法機構決定檢控投訴人某些所干犯的罪行[86]。行政上訴委員會認為投訴人提出查閱資料要求的目的是尋找該執法機構在作出調查及／或檢控決定中的不當地方，而非為了行使任何保障資料原則所賦予的權利。
- 投訴人向僱主提出查閱資料要求，索取僱主對他作出紀律聆訊的紀律聆訊程序指引中的相關文件、紀錄或材料[87]。行政上訴委員會認為投訴人的查閱資料要求是為了紀律聆訊的用途而非為了保障其個人資料私隱，因此駁回上訴。

84　行政上訴案件 2020 年第 10 號。

85　行政上訴案件 2021 年第 11 號。

86　行政上訴案件 2020 年第 3 號。

87　行政上訴案件 2020 年第 28 號。

另一方面，即使所要求查閱的資料與該名資料當事人有關，若《私隱條例》第 8 部分的豁免條文適用而無須提供（例如該資料受法律專業保密權所保護[88]），那麼資料使用者便可無須依從該項查閱資料要求[89]。

其實，查閱資料要求並不賦予個人瀏覽所有與他有關的文件的權利，又或以此補充法律程序中的文件披露權利。在接到有關投訴時，私隱專員會以《私隱條例》的立法原意為大前提，擔當把關的角色以免查閱資料要求被濫用。若某機構以查閱資料要求不屬《私隱條例》所涵蓋的範圍為由來拒絕你時，最好先弄清你所要求的是否你的個人資料，才提出反對。

5. 如何構成濫收費用？

如果你提出查閱資料要求，就可能被要求繳付費用。機構為遵從查閱資料要求而收取不超乎適度的費用是《私隱條例》所容許的[90]。何謂「超乎適度」的費用呢？《私隱條例》沒有列出明確的定義，故此有不少投訴都與濫收費用有關。

曾有投訴人向某政府部門三次提出查閱資料要求，涵蓋近十年的個人資料。該政府部門就私隱專員要求該政府部門調低有關費用的執行通知提出上訴。根據行政上訴委員會的裁決，「超乎適度」一詞應理解為資料使用者所徵收的費用只可包括與依從查閱資料要求「直接有關及必須」的成本[91]。

---

88 《私隱條例》第 60 條。

89 《私隱條例》第 20(3)(f) 條。

90 《私隱條例》第 28 條。

91 行政上訴案件 2009 年第 37 號。

在另一個案中，投訴人不滿某法定機構為遵從查閱資料要求所索取的費用而提出上訴[92]。在決定該機構的收費是否合理時，行政上訴委員會應用了上述案件的原則，並裁定該機構收取的處理文書（包括處理申請、文件審核、影印費等）費用，屬於與依從查閱要求「直接有關及必須」的成本，而該機構所索取的費用亦不超乎適度。

另外，資料使用者有責任證明所收取的費用為「直接有關及必須」的成本以及不超乎適度[93]。

舉例來說，如果你向曾為你診治的醫生索取一些醫療紀錄，該醫生要求你繳付高達 10,000 元的相關費用，並解釋他需花三小時處理。在這情況下，你或許會質疑有關費用是否屬「直接有關及必須」的，例如搜尋或影印報告的工作是否可由護士或普通文員代勞？不過，若所要求提供的文件牽涉敏感的個人資料，便可能有需要在提供文件前得到其他的相關人士（例如熟悉文件內容的相關人士）核准，我們可以透過以下的行政上訴案件了解更多當中的「核准」過程。

一名病人向某診所提出查閱資料要求，要求索取醫療紀錄。該診所要求病人繳付處理有關查閱資料要求的行政費用，當中包括管理人員及醫生的行政工作成本[94]。該名病人的其中一項投訴是不滿醫生收取行政費用。行政上訴委員會認為病人的醫療紀錄屬於敏感的個人資料，需要小心謹慎處理，而醫生向病人提供有關紀錄前有必要先檢視有關紀錄，以確保披露的資料不會包括其他病人的病歷紀錄。由於該名醫生只收取兩分鐘的時間成本，故行政上訴委員會認為有關費用合理。

92　行政上訴案件 2018 年第 2 號。

93　行政上訴案件 2009 年第 37 號及 2011 年第 52 號。

94　行政上訴案件 2016 年第 42 號。

在另一案件中，資料使用者為一所考試機構，該機構解釋管理人員在依從查閱資料要求的首階段及最後階段擔當重要的「把關者」角色，負責核實和批署查閱資料要求的申請，同時確保提供牽涉敏感個人資料的文件正確無誤，加上管理人員的所需時間合理，故行政上訴委員會認為有關管理人員的收費在依從查閱資料要求時是必須的[95]。

遇到懷疑濫收費用的情況，你有權要求資料使用者提供各項開支的詳情及計算方法，從而判斷收費是否合理。某些機構為了行政方便，實施劃一收費，私隱專員認為只要所收取的費用低於與依從查閱資料要求「直接有關及必須」的成本便可。

6. 改正資料要求

除了查閱資料外，保障資料第 6 原則訂明資料當事人可向資料使用者要求改正其個人資料。若有關機構拒絕改正要求，便須提供理由，而資料當事人可就拒絕的理由提出反對[96]。關於這方面的具體細節，《私隱條例》另有相關條文規管[97]。須注意的是，必須先提出了查閱資料要求以獲取有關個人資料，才有權提出改正資料要求。私隱專員沒有就改正資料要求發出指明格式，資料當事人只要清晰地向機構提出書面要求便可。

95 行政上訴案件 2013 年第 234 號。

96 保障資料第 6 原則 (e) 至 (g) 條。

97 《私隱條例》第 5 部的第 2 分部（第 22 至 25 條）。另請參閱由私隱專員發出的《資料使用者如何妥善處理改正資料要求》。

7. 是否所有資料也可改正？

你曾否認為某僱主辭退你的理由有欠公允，或者工作評核報告裏有值得商榷的地方嗎？這些事項又是否可以透過改正資料要求作出修正呢？

一般來說，改正資料要求只適用於改正一些沒有爭議的事實（例如僱主誤寫了你的年齡）。除非資料使用者在《私隱條例》訂明的情況下拒絕改正資料要求[98]，否則資料使用者須在收到有關要求的40個曆日內作出所需的改正，並向要求者提供已改正的個人資料的複本。

在一行政上訴案件中，投訴人認為某法律刊物中所闡述有關投訴人涉及作為某一案件中的與訟一方的事實背景並不準確，故向該刊物的出版商提出改正資料要求。行政上訴委員會認為有關的事實背景屬於不具爭議的事實，故出版商可根據《私隱條例》拒絕依從該改正資料要求[99]。

曾有投訴人向一名醫生多次求診，其後雙方關係惡化，最後該名醫生向投訴人發出信件解除「醫生與病人」的關係。投訴人認為信件內提及的終止理由不正確，要求醫生作出改正。私隱專員經調查後認為這些內容僅屬醫生的意見，改正資料要求並不賦予投訴人任何法律依據迫使該名醫生修改其意見[100]。

再看看工作表現評核報告的例子，即使僱員不同意僱主的意見，但很多時候私隱專員不能單從客觀事實來判斷誰是誰非。有關這些

98　《私隱條例》第 24 條。

99　行政上訴案件 2019 年第 20 號。

100　行政上訴案件 2015 年第 8 號。

「意見表達」[101]，如所涉及的資料當事人認為資料使用者的紀錄不準確，但資料使用者無從判斷（或從個案的所有情況核實）誰是誰非的話，那麼資料使用者在拒絕改正要求的同時，也須列出一項附註，表明資料當事人認為有關意見屬不準確的地方。雖然《私隱條例》沒有規定用甚麼方式列出有關附註，但列出附註的方法須使任何人（包括該資料使用者及第三者）在使用該資料時可容易發現該附註。此外，資料使用者也須把附註的複本給予資料當事人[102]。

一名投訴人向前僱主提交改正資料要求，要求改正有關投訴人工作表現的調查報告，行政上訴委員會認為有關報告紀錄投訴人工作的情況，包括前僱主對投訴人的意見而不限於其個人資料，故認為投訴人不應透過《私隱條例》下的投訴機制處理兩者之間的分歧，所以接納前僱主拒絕依從有關的改正資料要求[103]。

8. 尋求正確的解決辦法

看畢上文後，你應該明白以改正資料要求改變別人對你的評價並非上策。若你提出改正資料要求後遭拒絕，便應該考慮一下所要求改正的資料的準確性是否有爭議，又或有沒有其他更恰當的渠道解決這些糾紛。

101《私隱條例》第 25(3) 條訂明「意見表達」包括斷言一項 (a) 不能核實的事實；或 (b) 在有關個案的所有情況下，予以核實不是切實可行的。

102《私隱條例》第 25(2) 條。

103 行政上訴案件 2018 年第 14 號。

第 5 章

主要豁免

上一章詳細介紹了資料使用者必須遵守的六項保障資料原則。你或許會問：這些原則任何時候都適用嗎？難道看見僱員不下數次在工作時睡懶覺，希望拍下偷懶的「罪證」，也要弄醒他並向他說：「我現在要收集你的個人資料，包括你工作時『睡覺』的情況，麻煩你再合上眼給我拍一張照片」嗎？

事實上，為了平衡個人資料私隱與其他利益或權利，《私隱條例》第 8 部述明在特定的情況下，個人資料可獲豁免而不受某些《私隱條例》的條文及／或保障資料原則所管限。以下是現行《私隱條例》第 8 部豁免條文的概覽[1]：

法律條文	豁免情況	適用
51A	法院、裁判官或司法人員執行司法職能	所有保障資料原則、《私隱條例》第 4[2] 及第 5[3] 部的條文、及第 36[4] 及第 38(b) 條[5]
52	家居用途	所有保障資料原則、《私隱條例》第 4 及第 5 部的條文，以及第 36 及第 38(b) 條
53	針對填補一系列出缺的職位、或終止僱用整個組別員工的職工策劃建議	保障資料第 6 原則及《私隱條例》第 18(1)(b) 條[6]

1　《私隱條例》第 54 條是過渡性條文，其中第 54(1) 條針對僱主於《私隱條例》生效前所持有關於僱員的個人資料，並由一名個人在僱員不會有途徑接觸該資料的條件下提供的。第 54(1) 條的時效直至 2002 年 8 月 3 日為止。現行有關適用於僱傭關係的豁免可見《私隱條例》第 55 條。

2　《私隱條例》第 4 部是有關資料使用者申報表及資料使用者登記冊的條文。

3　《私隱條例》第 5 部是有關個人資料的查閱及更正的條文。

4　《私隱條例》第 36 條訂明私隱專員可對資料使用者所使用的任何個人資料系統進行視察。

5　《私隱條例》第 38(b) 條訂明私隱專員可在有合理理由相信資料使用者的行為可能違反《私隱條例》規定的情況下進行調查。

6　《私隱條例》第 18(1)(b) 條關於個人提出查閱資料要求的權利，如資料使用者持有有關資料，便須向要求者提供該資料的複本。

（續上表）

法律條文	豁免情況	適用
55	為決定僱用、晉升或解僱個別職位的人士、授予合約或專業資格、採取紀律行動等而進行的程序，而當事人可針對有關決定提出上訴	保障資料第 6 原則及《私隱條例》第 18(1)(b) 條
56	準僱主持有其他人對應徵者的個人評介	保障資料第 6 原則及《私隱條例》第 18(1)(b) 條
57	由政府持有並關於香港的保安、防衞或國際關係的目的	保障資料第 3 及第 6 原則，以及《私隱條例》第 18(1)(b) 條
58	為防止罪行或嚴重不當行為等目的而使用及持有的個人資料	保障資料第 3 及第 6 原則，以及《私隱條例》第 18(1)(b) 條
58A	《截取通訊及監察條例》所指的受保護成果及有關紀錄	《私隱條例》的所有條文
59	關乎資料當事人的身體或精神健康、身分或所在的個人資料	保障資料第 3 及第 6 原則，以及《私隱條例》第 18(1)(b) 條
59A	香港警務處或香港海關為利便對未成年人的照顧及監護而向其父母等披露資料	保障資料第 3 原則
60	法律專業保密權	保障資料第 6 原則及《私隱條例》第 18(1)(b) 條
60A	披露資料會導致自己入罪	保障資料第 6 原則及《私隱條例》第 18(1)(b) 條
60B	根據香港法例規定或於法律程序中使用的個人資料	保障資料第 3 原則
61	由從事新聞活動的資料使用者持有或向該資料使用者披露的個人資料	保障資料第 6 及第 3 原則，以及《私隱條例》第 18(1)(b)、第 36、第 38(b) 及第 38(i)[7] 條

7　《私隱條例》第 38(i) 條訂明私隱專員須在收到投訴後進行調查。

法律條文	豁免情況	適用
62	個人資料用於統計及研究而所得成果不能識辨身分	保障資料第 3 原則
63	憑藉第 57 或第 58 條而不受第 18(1)(b) 條所管限的個人資料	《私隱條例》第 18(1)(a) 條[8]
63A	包含顯示某人是或可能是經由生殖科技程序而誕生的資訊	保障資料第 6 原則，以及《私隱條例》第 18(1)(a) 及第 18(1)(b) 條
63B	就一項建議商業交易進行盡職審查	保障資料第 3 原則
63C	危急處境	保障資料第 1(3) 及第 3 原則
63D	轉移紀錄予政府檔案處	保障資料第 3 原則

　　以下主要介紹其中七個與普羅大眾有密切關係或經常被引用而與保障資料原則相關的豁免情況。

「家居用途」（第 52 條）

　　這項豁免的特點是只可由個人而非機構引用，而持有資料的目的亦只限於「家居用途」。「家居用途」是一個統稱，一般包括持有與管理私人事務、家庭事務、家居事務及消閒等目的有關的個人資料。例如：使用同學錄上的個人資料安排聚會，可視作處理私人事務。打開郵箱看到中學同學寄來的聖誕卡，相信你會感到窩心，

8　《私隱條例》第 18(1)(a) 條規定資料使用者告知提出查閱資料要求的人士是否持有資料當事人的個人資料。

擅自拆閱家人的信件也可能構成以不公平的方式收集個人資料，並未可獲第 52 條（家居用途）豁免。

而不會因同學在未得你同意下使用你的姓名及地址而感到私隱被侵犯吧！「家居用途」的豁免正正是不希望市民純粹為了處理私人事務而誤墮法網，有關的豁免是針對這類私人活動並為大眾所接受的個人行為。

雖然《私隱條例》說明由個人持有並用作「家居用途」的個人資料可獲豁免而不受各保障資料原則所管限，但這項豁免並非毫無限制的。行政上訴委員會在一宗上訴個案[9]中指出：「家居用途」的豁免僅涵蓋個人已「持有」的資料，並不適用於「收集」個人資料的行為。因此，即使是出於關心，父母擅自拆閱子女的銀行信件也可能構成以不公平的方式收集個人資料，並未可獲豁免。為人父母者應該以身作則，培養子女尊重個人資料私隱的態度。

另外，所有涉及家人及／或朋友的個人資料均屬於私人或家庭事務嗎？以寄聖誕卡給舊同學為例，如果純粹向對方送上節日祝福當然是私人事務；但如任職財務策劃顧問的你在聖誕卡內附上公司最新的投資組合單張，並加上一句：「有需要幫忙可隨時找我」的話，那便要留意了！這樣在賀卡內附上宣傳資料，不但讓「家居用途」的目的變質，以致豁免條款不再適用，更可能構成使用個人資料作直接促銷用途。換句話說，如沒有根據《私隱條例》採取指明行動[10]便進行直接促銷活動，可能已違反《私隱條例》。這並非危言聳聽，事實上曾有人在舊生聚會上收集了朋友甲的聯絡資料，之後把資料交給了朋友乙，乙隨即向甲推銷保險計劃，結果當初披露朋友資料的人士干犯了「提供個人資料予第三者作直接促銷中使用，但事前未有採取指明行動通知當事人及取得其同意」的罪行[11]。這個案例正

9　行政上訴案件 2006 年第 46 號。

10　詳情可參閱本書附錄二「疑難解碼」的「直接促銷」篇。

11　違反了《私隱條例》第 35J 條，法院判被告罪名成立並判罰款港幣 5,000 元。

好說明了即使是朋友的個人資料，也不可以隨意使用或披露，一旦資料用在非「家居用途」上便不受《私隱條例》第 52 條所豁免了。

使用家人朋友的個人資料時，最好還是先取得當事人的同意。在社交媒體上分享自己的生活點滴時也要顧及別人的私隱，不要隨便公開家人朋友的個人資料，在上載合照甚至別人的照片之前，也應先得到當事人的允許。在使用或披露別人的個人資料時，符合《私隱條例》的規定只是基本步，建立互相尊重個人資料私隱的同理心更為重要。

「罪行等」（第 58 條）、「法律專業保密權」（第 60 條）、「法律程序等」（第 60B 條）

《私隱條例》第 58 條是常被引用的豁免條款，它涵蓋了多項持有或使用個人資料的目的，包括：

- 防止或偵測罪行；
- 拘捕、檢控或拘留犯罪者；
- 評定或收取稅項；
- 防止、排除或糾正（包括懲處）不合法、嚴重不當、不誠實或舞弊的行為；
- 防止或排除因輕率的業務經營手法、不合法或嚴重不當的行為等而引致的重大經濟損失；
- 確定資料當事人的品格或活動是否相當可能對資料使用者執行其法定職能有重大不利影響；

- 財經規管者執行其職能 [12]，以保障公眾免受因從業人士的不良行為而導致的財政損失，或維持有關體系的穩定性或有效運作。

1. 第 58(1) 條

《私隱條例》第 58(1) 條規定為上述目的而持有的個人資料，如符合以下條件，便可獲豁免於保障資料第 6 原則（有關查閱個人資料的權利）的規定：

- 如提供有關資料便相當可能會損害上述目的；或
- 如提供有關資料便相當可能會識辨資料的來源。

這項豁免條款的邏輯依據非常明顯。假如執法機構正調查某宗刑事案件並持有懷疑涉案人士的個人資料，該名嫌疑人士當然不可藉《私隱條例》下的查閱資料權利而要求執法機構披露是否持有他的資料 [13]，甚至提供該資料的複本，這絕對會影響有關調查工作或透露了資料的來源。如沒有上述豁免，相信大家都不願意也不敢向執法機構提供情報了。

至於資料當事人實際上又可否提出查閱資料要求，要求執法機構提供調查資料？以下的例子有助我們了解這個情況。個案中一名投訴人向執法機構報案，其後向該執法機構提交查閱資料要求，要

---

12 例如香港金融管理專員、證券及期貨事務監察委員會、保險業監管局及強制性公積金計劃管理局等。

13 《私隱條例》第 63 條關於第 18(1)(a) 條的豁免。

求提供該案件的所有調查紀錄和詳情[14]。行政上訴委員會認為有關資料是該執法機構為了防止或偵測罪行，又或以拘捕、檢控或拘留犯罪者的目的而持有，披露該等資料相當可能損害這些目的，因此該等資料可根據《私隱條例》第 58(1) 條獲豁免，該執法機構可拒絕依從有關的查閱資料要求。

至於私人機構又可否以防止或糾正某些「嚴重不當」或「不誠實」的行為作為理由，拒絕當事人的查閱資料要求呢？這要視乎有關行為的嚴重程度而定。一般而言，有關豁免適用於針對特定行業或專業人士進行涉及專業操守等行為的紀律聆訊。

在其中一個案例中，牙醫委員會取消上訴人的牙醫註冊，並提及有人曾就牙醫的操守作出投訴[15]。該名牙醫向牙醫委員會提交查閱資料要求，要求提供有關投訴的詳情。行政上訴委員會認為，因牙醫委員會有機會對該名牙醫展開紀律聆訊，故披露該資料可能會直接或間接識辨該投訴人的身分，也有可能或相當可能會損害針對相關行為所作的跟進行動。因此牙醫委員會可以根據《私隱條例》第 58(1)(d) 條拒絕依從該名牙醫的查閱資料要求，而不構成違反《私隱條例》的規定。

《私隱條例》提及一些屬「嚴重不當」行為的例子，包括令某人不再適合根據任何法律或規則的規定而出任任何職位、從事任何職業或進行任何行業的行為[16]；以及可以導致某人被香港賽馬會根據賽事規例及董事局指示而吊銷資格的行為等[17]。其中香港賽馬會賽

14　行政上訴案件 2020 年第 16 號。

15　行政上訴案件 2020 年第 5 號。

16　《私隱條例》第 2(9) 條。

17　《私隱條例》第 2(13) 條。

事規例及指示列明屬舞弊、欺詐或不正當行為或活動的事項[18]，例如未經獸醫授權而對馬匹施用違禁物質、提供賄賂或受賄等，固然屬「嚴重不當」甚至「不合法」的行為，但其他相對輕微的不適當行為是否也可獲得豁免呢？

就上述問題，以下個案或可提供一些指引。一名私人會所的會員被其他會員投訴行為不當，包括在會所範圍內使用粗言穢語及呼喝工作人員，該會所對被投訴的會員展開紀律聆訊。另一名曾在紀律聆訊中作供的會員向該會所提出查閱資料要求，索取有關聆訊的謄本（包括其個人資料的部分）。該會所引用《私隱條例》第58（1）條的豁免拒絕有關要求，指持有有關資料是為了防止、排除或糾正會員的「嚴重不當」行為。私隱專員不接納該會所的解釋，認為「嚴重不當的行為」一詞應給予較狹窄的定義；使用粗言穢語或無禮態度只屬個別會員的不得體或不適當的行為，這或會影響其他會員及該會所的聲譽，但未達到「嚴重不當的行為」的程度，故第58（1）條的豁免條款並不適用。

2.　第 58(2) 條

《私隱條例》第58（2）條豁免個人資料受保障資料第3原則（有關使用個人資料）所管限，即不論當初是為了甚麼目的而收集或持有資料，即使未得到資料當事人的同意，亦可使用或披露有關資料作第58(1)條所述的目的，但援引這豁免時必須證明若事前嘗試徵求當事人的同意，便相當可能會損害該些目的。

---

18 《香港賽馬會賽事規則 —— 適用於 2022/2023 年度馬季》第 151 條。

常見的例子是執法機構以調查刑事案件為由，向資料使用者（例如電訊公司或銀行）索取其客戶的個人資料。如機構收到這些要求又是否一定要遵從？拒絕提供資料會否違反《私隱條例》？

　　首先，若要求資料一方已向法庭取得披露資料的命令，資料使用者當然須要遵從法庭命令披露資料。相反，若果沒有法庭命令，資料使用者的責任是確保在符合保障資料原則或豁免條款適用的情況下才提供資料，否則會構成不當使用個人資料。

　　至於資料使用者如何證明他有合理理由相信不披露資料便相當可能會損害偵測罪行等目的呢？關鍵在於披露資料前他須向要求資料者作出合理的查詢，包括索取資料的目的、其他獲得有關資料的途徑（例如直接向當事人查詢或從公共領域取得）是否不可行、不披露資料將如何損害該目的等。無論如何，若資料使用者對相關披露是否屬於豁免的情況有所懷疑，應要求有關機構向法院申請命令。

　　許多案例說明這項豁免條款除適用於刑事罪行的調查或檢控等目的外，也適用於民事訴訟。例如：離婚妻子要求房屋署披露其前夫的最新地址，以用於追討拖欠的贍養費 [19]；簷篷倒塌意外的傷者要求警方透露調查有關意外時所錄取的證人供詞，以用於追討人身傷害的訴訟 [20]；網上惡意留言的受害人要求有關網主披露使用化名的留言者的姓名和地址，以用於針對該留言者的法律訴訟 [21]；以及版權持有人要求互聯網供應商提供涉及非法上載音樂的客戶的個人資料 [22]。

19　*M v M*（婚姻訴訟 1998 年第 1425 號）。

20　*Lily Tse Lai Yin & Others v The Incorporated Owners of Albert House & Others* [1999] 1 HKC 386（高院傷亡訴訟 1997 年第 828 號）。

21　*Oriental Press Group Limited*（東方報業集團有限公司）*v Inmediahk.net Limited* [2012] 2 HKLRD 1004（高院民事訴訟 2010 年第 1253 號）。

22　*Cinepoly Records Co. Ltd. and Others v Hong Kong Broadband Network Ltd and Others* [2006] 1 HKLRD 255（高院雜項案件 2005 年第 2487 號）。

3. 第 60 條

假如有關的個人資料受法律專業保密權所保護，資料使用者可根據《私隱條例》第 60 條，獲豁免遵從保障資料第 6 原則，拒絕依從資料當事人提出的查閱資料要求。

上文提到一名牙醫向牙醫委員會提出查閱資料要求，該名牙醫同時要求牙醫委員會披露一份就取消其牙醫註冊一事向法律顧問取得的法律意見 [23]。行政上訴委員會認為法律專業保密權的保障範圍不限於私人律師給予客戶的意見，也涵蓋公司內部法律顧問向管理層提供的意見，這些法律意見也受《私隱條例》第 60 條的豁免所保護。因此，行政上訴委員會認為牙醫委員會可根據《私隱條例》拒絕依從該名牙醫就此提出的查閱資料要求。

4. 第 60B 條

根據《私隱條例》第 60B 條有關「法律程序等」的豁免，資料使用者在以下三種情況下使用個人資料，可獲豁免遵從保障資料第 3 原則而無須事前取得資料當事人的同意：

- 根據任何香港成文法則或香港法院的命令所規定或授權而使用個人資料；
- 在與於香港進行的法律程序有關連的情況下使用個人資料；及
- 為確立、行使或維護在香港的法律權利所需要而使用個人資料。

你或許會問，我們如何引用這項豁免？

---

23 行政上訴案件 2020 年第 5 號。

在一個個案中，投訴人因醫療事故向某醫療中心提出訴訟。該醫療中心其後向聯交所遞交招股書。雖然招股書沒有提及投訴人的姓名，但卻提及該訴訟案件，包括傳訊令狀日期、事故的敘述及索償金額[24]。投訴人不滿該醫療中心未有取得其同意而在招股書中向公眾人士披露其個人資料。

行政上訴委員會認為，根據相關證券市場上市的規例，該醫療中心須披露正在進行的訴訟細節，因為投資者需要這些資料去評估醫療中心的財務狀況。行政上訴委員會認同《私隱條例》第 60B(a) 條適用於該個案，該醫療中心無須在事前取得投訴人的同意才披露有關資料。

究竟在訴訟或監管機構的調查程序中又可否披露另一人的個人資料？ 曾有投訴人不滿訴訟的另一方在未經投訴人的同意下，於誓詞及證物中披露投訴人的身份證號碼及出生日期[25]。行政上訴委員會認為《私隱條例》第 60B(c) 條的豁免條文適用於該案，訴訟的另一方在證物上披露投訴人的身份證號碼及出生日期是為了行使其法律權利向法庭作出相關申請，所以相關披露獲豁免而不受保障資料第 3 原則的條文所管限。

在另一個案中，一對夫婦是某教會的會員，太太向某監管機構投訴，懷疑該教會因丈夫的身體狀況而限制他出席聚會的地點[26]。教會在回應該監管機構的調查時，提出一些投訴人過往的不當行為，反駁該對夫婦的指稱。行政上訴委員會在考慮個案的證據後，認為教會有需要向監管機構披露上述資料，以維護其法律權利，避免監管機構就有關投訴可能對教會作出不利的決定，以及有關人士可能

24　行政上訴案件 2017 年第 33 號。

25　行政上訴案件 2017 年第 9、第 10 及第 11 號。

26　行政上訴案件 2017 年第 27 號。

對教會提出的申索。相關披露符合《私隱條例》第 60B(c) 條所指的「為確立、行使或維護在香港的法律權利」而使用個人資料的豁免情況。

你又可能會問，究竟《私隱條例》第 58(2) 條及第 60B 條之間有甚麼分別？雖然這兩條條文同樣豁免遵從保障資料第 3 原則，但第 60B 條的應用準則比第 58(2) 條所要求的較寬鬆，資料使用者引用第 60B 條時不需要證明有合理理由相信不披露資料便相當可能會損害有關法律程序。

在一宗涉及撞船意外的人身傷害訴訟中 [27]，高等法院法官批准原告人要求海事處（非屬訴訟一方）披露意外調查報告及證人供詞等的申請。法庭認為第 60B 條的豁免適用於根據香港法例而披露的個人資料 [28]，以及該些個人資料需要用於進行中或將會提出的法律訴訟。因此，前文提及追討贍養費、人身傷害賠償、誹謗及侵犯版權等民事訴訟的例子，有關資料使用者現時均可引用第 60B 條的豁免，向申索人提供所需要的個人資料，而無須考慮不提供資料會否影響進行中或將會提出的法律訴訟。

需要強調的是，資料使用者並沒有法定責任援引相關豁免條款而向第三者披露所持有的個人資料。如資料使用者對有關資料是否法律程序所需，或對聲稱提起法律訴訟的真確性有疑問的話，應要求索取資料者申請法院命令。

---

27 *Chan Yim Wah Wallace v New World First Ferry Services Limited* [2015] 3 HKC 382（高院傷亡訴訟 2013 年第 820 號）。

28 例如僱主須根據《僱員補償條例》（香港法例第 282 章）第 44A 條向提出申索的僱員或其他人出示有關保險單。

「健康」（第 59 條）、
「危急處境」（第 63C 條）

1. 第 59(1) 條

根據《私隱條例》第 59(1) 條，在相當可能會對資料當事人或其他人的身體或精神健康造成嚴重損害的情況下，資料使用者可：

- 拒絕資料當事人查閱關於自己的身體或精神健康的個人資料（豁免於保障資料第 6 原則）；或
- 無須得到資料當事人的同意而向第三者披露該資料（豁免於保障資料第 3 原則）。

在一個個案中，一名臨牀心理學家引用第 59(1) 條的豁免以拒絕其病人提出的查閱資料要求，病人要求的資料包括他接受診斷期間填寫的問卷和一些圖表。心理學家拒絕提供資料的理由是病人如在沒有專業人士解釋的情況下閱讀那些資料，會為他帶來極大痛苦和增加他的自殺風險。行政上訴委員會審閱過有關圖表後，認為那些圖表對普通人而言毫無意義，即使該病人看了也不會明白，不會對其身體或精神健康帶來嚴重損害，因此裁定第 59(1) 條的豁免不適用，心理學家須向病人提供資料 [29]。

不過，在某些情況下，心理學家或會認為披露資料才可避免對資料當事人或其他人造成嚴重損害。舉例說，一名校工在接受臨牀心理學家的診療時透露想炸毀他工作的學校，和學童同歸於盡。該臨牀心理學家後來得知該校工工作的地方正是兒子就讀的學校，感

---

29 行政上訴案件 2008 年第 32 號。

在保障公眾健康的大前提下，

《私隱條例》就披露或使用個人資料

有特定豁免。

到忐忑不安，與精神科醫生商議及作出專業評估後，決定轉告學校有關該校工的情況及炸毀學校的意圖。在這例子中，臨牀心理學家需在保護個人資料與公眾人身安全之間作出抉擇。該臨牀心理學家向學校披露校工的精神健康資料，就是為了避免悲劇發生，以免對校工及其他人造成傷害。

2. 第 59(2) 條

《私隱條例》在 2012 年修訂後新增了第 59(2) 條，把原來的豁免範圍（僅限於有關身體或精神健康的資料）擴大至關乎資料當事人的身分或所在地的資料。該豁免條款容許資料使用者把資料當事人的身分及所在地告知第三者（豁免保障資料第 3 原則），以協助第三者可即時接觸當事人及提供救援或採取即時行動，從而避免對當事人或其他人的身體或精神健康造成嚴重損害。

試想像跟父母爭執後離家出走的少女向「閨蜜」吐露了輕生的念頭，「閨蜜」應否為了保護少女的私隱而拒絕向其父母甚至警方透露少女的所在地？法律給予的豁免情況還是其次，問問自己怎樣才是保護好朋友的最好方法，你便知道應如何抉擇。

近年最大型的全球公共衛生危機非 2019 冠狀病毒病莫屬。自 2020 年年初，2019 冠狀病毒病持續對全球各地構成嚴重公共衛生威脅，世界各地的政府、衛生機關及私人機構為了控制疫情推行各樣的防疫措施，當中不乏涉及收集及使用個人資料的政策和安排。一些例子包括利用疫苗護照等流動應用程式及電腦系統追蹤染疫者的密切接觸者、政府公開或分享有關染疫者的資料、僱主或學校為了監察和預防在工作場所或學校傳播病毒而收集僱員或學生的健康數據（如體溫、疫苗接種紀錄及確診紀錄）等。

在疫情之下，基於對資料當事人或其他人士的健康保障，第 59(1) 及 (2) 條中關於豁免遵從保障資料第 3 原則的規定可能適用。

簡單而言，在疫症蔓延期間，如果因為要保障公共衛生、為協助追蹤和治療在工作場所或不同處所（例如食肆）出現的染疫者、或因有迫切需要追蹤其緊密接觸者以保障市民大眾，僱主或處所營運者可引用《私隱條例》第 59(1) 及 (2) 條的豁免，在無須得到資料當事人的同意下向政府或衛生機構披露關乎資料當事人的健康狀況、身分或位置資訊等的個人資料，而不屬違反保障資料第 3 原則。

換句話說，在疫情蔓延期間，如果因為要保障公共衛生，政府使用一些應用程式，例如「安心出行」或「疫苗通行證」去追蹤染疫者或他們的密切接觸者，亦可引用第 59(1) 及 (2) 條的豁免條文，相關追蹤功能並不構成違反《私隱條例》的情況。

總括來說，在保障公眾健康的大前提下，《私隱條例》下設有關於健康的豁免，容許資料使用者在像 2019 冠狀病毒病這樣史無前例的全球重大公共衛生危機中，無須遵守部分保障資料原則，確保在保障個人資料私隱和公眾健康之間取得適當的平衡。

3. 第 63C 條

第 63C 條（關於危急處境的豁免）更全面顧及在危急或災難事故中，處理須給予即時援助或救援的受影響或失蹤人士的個人資料的情況。在緊急救援行動初期，執法機構和救援組織須要查證意外中牽涉甚麼人、找尋失蹤者，以及核實相關人士的身分等。為平衡保障個人資料私隱和執行緊急救援工作，第 63C 條的豁免適用於以下情況：

- 識辨某名正處於危及生命的處境中的個人的身分；
- 將該名個人正處於危急處境一事告知其家人；
- 進行緊急拯救行動或提供緊急救助服務。

第 63C 條豁免資料使用者遵從保障資料第 1(3)[30] 及第 3 原則，以便利涉及事故的人士或其他人士向有關組織提供資料，確保救援工作能夠迅速及順利進行。

「新聞」（第 61 條）

第 61 條（關於新聞的豁免）的立法目的是為了平衡個人資料私隱和新聞自由。這項豁免涵蓋兩方面：保護未發表的新聞材料及保護新聞的來源。

在保護新聞材料方面，傳媒機構如純粹為了新聞活動而持有任何個人資料，直至發表該資料之前，可引用第 61(1) 條的豁免，拒絕有關當事人提出的查閱資料要求（豁免保障資料第 6 原則）。這項豁免的理念是：在發表資料前賦予當事人查閱資料的權利，會不合理地遏制新聞工作者履行其職責。新聞工作者主要憂慮，如讓新聞材料在時機未成熟時曝光，會影響調查工作，令有關報道受到阻延，甚至胎死腹中。另一方面，查閱資料可能引致秘密消息來源被揭露，令知情者受壓而拒絕再提供任何消息，這對新聞工作的損害顯而易見。

第 61(2) 條的豁免實際上免卻了資料提供者可能違反《私隱條例》的顧慮。任何人如欲向傳媒機構提供個人資料，並相信公開發表那些資料是符合公眾利益的，則無須得到當事人的同意也可披露資料（豁免保障資料第 3 原則）。手提電話的普及讓每個人都可化身為記者，只要一機在手，任何時候遇上不平事、有趣事，甚至罪

30　關於告知當事人所收集的資料用作甚麼用途和可能轉移予甚麼類別人士的規定。

案的發生都可立即拍下來，然後向傳媒「報料」。但要注意的是，不是所有向傳媒披露的資料均可獲得豁免，提供者必須合理地相信發表那些資料是符合公眾利益的，否則「報料」變成了不當使用他人的個人資料。

至於何謂公眾利益，《私隱條例》沒有下定義。是否符合公眾利益須視乎個別情況，有關因素包括所涉及的事件性質及當事人的身分，但當事人是公眾人物並不是決定性因素。事實上，公眾有興趣知悉的事不等同於公眾利益。例如一名政府高官休假期間與家人外遊被偷拍，那些吃飯、逛街的報道只能屬於娛樂新聞而非值得公眾嚴肅討論的事情；但假如該高官被發現以公務為名而旅遊為實，當中是否涉及公帑的恰當運用便是社會關注的議題，報道相關資料有助公眾了解真相及監察事情的發展，符合公眾利益。

根據過往一宗行政上訴案件[31]，一間學院的僱員企圖自殺獲救，僱員的妻子對傳媒指丈夫受學院壓迫、迫害，又指學院蓄意拖延或拒絕向丈夫發放僱員補償。學院的院長在傳媒追問下，為了全面解釋事件而披露了該僱員的工傷調查報告內容，目的是維護學院的形象及防止傳媒發表對學院不實的指控。行政上訴委員會認為該院長在此情況下有合理理由相信披露該僱員的個人資料是符合公眾利益的，所以第 61(2) 條的豁免適用於該個案。

31　行政上訴案件 1997 年第 23 號。

小結

究竟是否引用或如何引用《私隱條例》下的豁免條款，是由資料使用者在考慮有關豁免條款的適用範圍後自行決定的。然而，在各項權利之間取得平衡，從來不是輕易的事。要合情、合理、合法地引用豁免條款，必須熟悉六項保障資料原則的要求，並要了解制訂個別豁免條款的目的及適用範圍，才能發揮豁免條款應有的作用。

第 6 章

打擊「起底」

個人資料被「武器化」

近年個人資料被「武器化」,「起底」情況猖獗。甚麼是「起底」?一般來説,「起底」是指透過網上搜尋器、社交平台及討論區、公共登記冊、匿名報料等方式,將目標人士或其相關人士(如家人、親友等)的個人資料搜集起來,並在互聯網、社交媒體或其他公開平台(例如公眾地方)發布。

假如你不幸被起底,可能你會跟其他被起底的受害人一樣,想起可以向警方甚至乎是私隱專員公署投訴吧!原來自從 2019 年 6 月中接獲首宗「起底」的個案起,截至 2022 年 12 月底,私隱專員公署共處理 8,800 多宗有關「起底」的個案及查詢,為數實在不少。

根據私隱專員公署處理「起底」個案的經驗,大部分的個案涉及個人資料(如當事人的全名、顯示容貌的照片、住宅或工作地址、電話號碼、職位等)在網上平台被隨意散布,並經多番轉載。在修訂《私隱條例》前,「起底」罪行的其中一個犯罪元素為有關的個人資料是否在「未經資料使用者同意」下被披露,但往往由於無法追尋被披露的個人資料的來源(即誰是相關的資料使用者),所以證明有關的犯罪元素存在一定困難。

縱使「起底」情況自 2019 年 6 月已經十分猖獗,在修訂《私隱條例》前,只有三宗涉及《私隱條例》的「起底」定罪個案。首宗定罪個案的被告被判監禁 18 個月,連同其他定罪合共監禁兩年[1]。

---

1. 香港特別行政區訴陳景僖(區院刑事案件 2020 年第 164 號)是首宗涉及《私隱條例》的「起底」定罪個案,一名電訊公司技術員從公司電腦取得一名警務人員家屬的個人資料以進行「起底」,被控違反修訂前《私隱條例》第 64(2) 條。就有關違反《私隱條例》的控罪被判 18 個月監禁,連同其他罪行合共被判監 24 個月(兩年)。

因應「起底」情況自 2019 年中變得猖獗，高等法院頒布了三個與「起底」有關的臨時禁制令，當中包括禁制向警員[2]和司法人員[3]作出「起底」行為，以及在互聯網煽動暴力[4]。違反臨時禁制令可能會被控藐視法庭，一經定罪，可被判處即時監禁。你可能會好奇，究竟是否有人曾因違反這些禁制令而被定罪呢？事實上，截至 2022 年 12 月，總共有八宗因違反上述禁制令而被定罪的個案：

- 2019 年 11 月：被告在其社交平台帳戶轉載一名警員及其家人的個人資料，違反高等法院於 2019 年頒布有關「起底」的臨時禁制令（高院民事訴訟 2019 年第 1957 號），被控藐視法庭罪，2020 年 6 月被裁定罪成，判監 28 日，緩刑一年[5]。

- 2019 年 11 月：被告在其社交平台帳戶上載警務人員及其家屬的個人資料，違反高等法院於 2019 年頒布有關「起底」的臨時禁制令（高院民事訴訟 2019 年第 1957 號），被控藐視法庭罪。高等法院於 2020 年 12 月裁定被告罪名成立，判被告即時監禁 21 日[6]。

- 2019 年 11 月：被告在即時通訊軟件的聊天群組發布一篇帖文，文中載有涉事警員及其家庭成員的個人資料，違反高等法院於 2019 年頒布有關「起底」的臨時禁制令（高院民事訴訟 2019 年第 1957 號），被控藐視法庭罪。高等法

2　高等法院於 2019 年 10 月發出臨時禁制令（高院民事訴訟 2019 年第 1957 號），禁制任何人在沒有相關人士的同意下，公開警員及其家人的個人資料，以恐嚇或騷擾警員及其家人。該禁制令同時禁止任何人恐嚇或騷擾警員及其家人，以及協助、煽動或教唆他人從事上述行為。

3　高等法院於 2020 年 10 月發出臨時禁制令（高院民事訴訟 2020 年第 1847 號），禁制任何人在沒有相關人士的同意下，公開司法人員及其家人的個人資料，以恐嚇或騷擾司法人員及其家人。該禁制令並禁止任何人恐嚇或騷擾司法人員及其家人，以及協助、煽動或教唆他人從事上述行為。

4　高等法院於 2019 年 10 月發出臨時禁制令（高院民事訴訟 2019 年第 2007 號），禁制任何人在互聯網的平台或媒介上促進、鼓勵和煽動使用或威脅使用暴力。

5　律政司司長 訴 陳藹柔 [2020] 3 HKLRD 494（高院雜項案件 2020 年第 249 號）。

6　律政司司長 訴 陳健聰 [2021] 1 HKLRD 563（高院雜項案件 2020 年第 744 號）。

院於 2020 年 12 月裁定被告罪名成立，判被告即時監禁 21 日，緩刑一年[7]。

- 2019 年 11 月：被告在其社交平台帳戶上載警務人員的照片及發布煽動使用暴力的訊息，違反高等法院於 2019 年頒布的臨時禁制令（高院民事訴訟 2019 年第 2007 號），被控藐視法庭罪。2022 年 1 月被告承認控罪，被判監 21 日，緩刑一年[8]。

- 2020 年 5 月：被告在其社交平台帳戶轉載一名警員的個人資料，違反高等法院於 2019 年頒布有關「起底」的臨時禁制令（高院民事訴訟 2019 年第 1957 號），被控藐視法庭罪。2020 年 10 月被告承認控罪，被判監 28 日，緩刑一年[9]。

- 2020 年 5 月：被告在其社交平台帳戶發布煽動訊息，違反高等法院於 2019 年頒布的臨時禁制令（高院民事訴訟 2019 年第 2007 號），被控藐視法庭罪。2022 年 4 月被告承認控罪，被判監 6 星期[10]。

- 2020 年 5 月：被告在其社交平台帳戶發布煽動訊息，違反高等法院於 2019 年頒布的臨時禁制令（高院民事訴訟 2019 年第 2007 號），被控藐視法庭罪。2022 年 4 月被告承認控罪，被判監 1 個月，緩刑一年[11]。

- 2020 年 12 月：被告於九分鐘內共八次致電一名法官及其妻子的手提電話，惟未有作聲，違反高等法院於 2020 年 11 月發出的臨時禁制令（高院民事訴訟 2020 年第 1847

7 律政司司長 訴 姚家瑜 [2021] 1 HKLRD 607（高院雜項案件 2020 年第 1068 號）。

8 律政司司長 訴 宋浩德 [2022] HKCFI 227（高院雜項案件 2021 年第 1542 號）。

9 律政司司長 訴 鄭麗琼 [2020] 5 HKLRD 356（高院雜項案件 2020 年第 1256 號）。

10 律政司司長 訴 岑敖暉 [2022] HKCFI 1015（高院雜項案件 2021 年第 1158 號）。

11 律政司司長 訴 何惠彬 [2022] HKCFI 191（高院雜項案件 2021 年第 1274 號）。

號），被控藐視法庭罪。2022 年 10 月被告承認控罪，被判監 14 日，緩刑一年 [12]。

「起底」須負刑責

為更有效打擊「起底」，《2021 年個人資料（私隱）（修訂）條例》（「《修訂條例》」）在 2021 年 10 月 8 日開始實施，《修訂條例》將「起底」定為刑事罪行，並附以清晰明確的定義，把是否須事先獲「資料使用者」同意的犯罪元素修訂為未經「資料當事人」的同意下公開其個人資料，亦同時擴闊保障範圍至涵蓋資料當事人及其家人 [13]。

《修訂條例》如何加強打擊「起底」及保障個人資料私隱？（見頁 119 列表）

你可能認為「起底」罪行所打擊的是發布「起底」帖文的「始作俑者」，轉載有關帖文並不會墮入法網，那便大錯特錯了！「起底」罪行涵蓋任何形式的「沒有同意下披露個人資料」的行為，轉載「起底」訊息同樣有機會違反新的「起底」罪行。因此，在發布或轉載涉及他人的個人資料的訊息前，必須三思，不要以身試法，以免誤墮法網！

12　律政司司長 訴 陳寶康 [2022] HKCFI 1468（高院雜項案件 2021 年第 2199 號）。

13　根據《私隱條例》第 2(1) 條，「家人」的定義，就任何人而言，指藉血緣、婚姻、領養或姻親關係而與該人有親屬關係的人。

	修訂前的《私隱條例》	《修訂條例》
填補不足	只規管「未經資料使用者同意」而披露個人資料	規管「未經資料當事人同意」而披露個人資料
保障對象	資料當事人	資料當事人及其家人
保障範圍	導致資料當事人蒙受心理傷害	• 有意圖或罔顧是否會導致資料當事人或其家人蒙受指明傷害 • 對資料當事人或其家人構成了指明傷害
要求移除「起底」訊息	只能作出勸喻	有權發出停止披露通知要求移除「起底」訊息
刑事調查和檢控權	✗	✓ 加強執法力度
平衡言論自由	✓	✓ 維持不變

針對「起底」的條例修訂

　　《修訂條例》旨在打擊侵犯個人資料私隱的「起底」行為，並無影響大家受《基本法》保障的言論自由和資訊流通，《修訂條例》涉及三大範疇：

- 將「起底」行為定為刑事罪行；
- 賦予私隱專員刑事調查權及檢控權；及
- 賦予私隱專員強制移除「起底」訊息的權力。

1. 將「起底」行為定為刑事罪行

　　《修訂條例》引入兩級制的「起底」罪行，罪行範圍界定清晰並具針對性，對象是發布「起底」訊息的人士。

《2021 年個人資料（私隱）（修訂）條例》
於 2021 年 10 月開始實施，
將「起底」定為刑事罪行。

以下是《修訂條例》第 64 條引入的兩級制的「起底」罪行概覽：

《修訂條例》條文	第 64(3A) 條及第 64(3B) 條	第 64(3C) 條及第 64(3D) 條
罪行級別	第一級	第二級
起訴程序	簡易程序	公訴程序
入罪門檻	• 未經資料當事人相關同意披露個人資料；及 • 有意圖或罔顧是否會（或相當可能會）導致資料當事人或其家人蒙受指明傷害	• 未經資料當事人相關同意披露個人資料； • 有意圖或罔顧是否會（或相當可能會）導致資料當事人或其家人蒙受指明傷害；及 • 對資料當事人或其家人構成指明傷害
最高刑罰	第 6 級罰款（港幣 100,000 元）及監禁兩年	罰款港幣 1,000,000 元及監禁五年

由以上「入罪門檻」可見，兩級制的罪行以有否對資料當事人及其家人構成實際傷害區分罪行的嚴重性。

如何界定「指明傷害」？「指明傷害」[14] 是：

• 對該人的滋擾、騷擾、纏擾、威脅或恐嚇；

例子

投訴人表示其個人及家人的個人資料被網民廣泛披露，令他終日收到大量的滋擾電話及短訊，亦有人以其個人資料申請貸款，令他收到財務機構的來電。投訴人感到極大心理壓力及滋擾。

投訴人與被投訴者發生感情糾紛。其後，投訴人發現有網民在網上討論區上載多則帖文，公開投訴人及其子女的個人資料包括姓名和年齡。有關發布令投訴人情緒崩潰，受到極大騷擾及心理壓力。

---

14 《私隱條例》第 64(6) 條。

- 對該人的身體傷害或心理傷害；

例子

起底者在網上公開投訴人在學子女的個人資料，並提議多種欺凌及杯葛他們的方法，包括用麻包袋接放學等，令投訴人蒙受心理傷害[15]。

- 導致該人合理地擔心其安全或福祉的傷害；或

例子

有網民在網上討論區公開投訴人的婚宴日期及地點，並呼籲網民前往「祝賀」，令投訴人擔心網民被煽動到其婚宴現場搗亂。

- 該人的財產受損

例子

投訴人的個人資料，包括投訴人的車牌號碼及登記資料被上載至社交平台，並令其車輛遭受惡意毀壞，而投訴人需承擔維修費用。

值得留意的是，在《修訂條例》下，《私隱條例》第 8 部的所有豁免（有關豁免的詳情可參閱本書第 5 章），以及第 64(4) 條所訂明的未經同意下披露個人資料的免責辯護條文，基本上維持不變並同樣適用。

---

15 法院通常會考慮由醫生就資料當事人的身體或精神狀況所作出評估的醫療報告，作為資料當事人所蒙受的身體或心理傷害之證明。

2. 賦予私隱專員刑事調查權及檢控權

在《修訂條例》下，私隱專員有權就「起底」及其相關罪行進行刑事調查，並以私隱專員本身名義於裁判法院循簡易程序提出檢控[16]，令私隱專員公署更有效地處理與「起底」相關的案件。

就刑事調查權力方面，私隱專員可調查「起底」罪行，透過發出書面通知要求任何人提供相關材料[17]，或回答相關問題[18]。若在缺乏合理辯解下沒有遵從書面通知的要求，屬刑事罪行，最高可被罰款港幣 200,000 元及監禁一年[19]。若出於詐騙意圖而沒有遵從書面通知的要求；又或向私隱專員提供虛假或具誤導性的材料，亦屬刑事罪行，最高可被罰款港幣 1,000,000 元及監禁兩年[20]。

當私隱專員或獲私隱專員授權的人合理地懷疑某人已干犯「起底」的相關罪行，便可在無法庭手令下截停、搜查及拘捕該人[21]；而私隱專員的刑事調查權與其他執法機關相類似，例如與香港警方的權力相若。此外，私隱專員可向裁判法院申請手令進入和搜查處所，以及檢取材料供刑事調查之用[22]。私隱專員亦可申請手令查閱和搜尋儲存於電子器材（例如手提電話）內的資料[23]。由於電子器材中的證據往往只需透過點擊一下便可輕易被刪除，為有效保存器材內

16　《私隱條例》第 64C 條。當中亦列明，私隱專員在行使檢控權力時，並不會減損律政司長在檢控刑事罪行方面的權力。

17　《私隱條例》第 66C 條，「材料」指文件、資訊或物品。

18　《私隱條例》第 66D 條。

19　《私隱條例》第 66E(1) 及 (2) 條。

20　《私隱條例》第 66E(5) 及 (6) 條。

21　《私隱條例》第 66H 條。

22　《私隱條例》第 66G(1) 及 (2) 條。

23　《私隱條例》第 66G(1) 及 (3) 條。

的證據，在申請手令並非切實可行的緊急情況下，私隱專員可在無手令下查閱電子器材 [24]。

以下是私隱專員在《私隱條例》下可以分別就「處所」及「電子器材」行使權力：

處所 [25]	電子器材 [26]
• 進入和搜查處所； • 在該處所內，進行刑事調查；及 • 檢取、移走和扣留處所內的材料。	• 查閱器材； • 檢取和扣留器材； • 將器材儲存的任何材料解密； • 搜尋載有刑事調查而言屬證據的器材內的材料； • 將材料以可見及可閱讀形式重現； • 將材料轉為紙上書面形式；及 • 複製材料，或摘錄其內容，及取去其複本或摘錄。

值得留意的是，在任何情況下，私隱專員或私隱專員公署的職員均不得在沒有手令的情況下，進入處所行使以上的權力。

沒有合法辯解而阻撓私隱專員行使手令或拘捕的權力，屬刑事罪行，最高可被罰款港幣 10,000 元及監禁六個月 [27]。

3. 賦予私隱專員強制移除「起底」訊息的權力

由於現時科技發展迅速，「起底」訊息可以在瞬息間被傳閱和轉發。為迅速移除「起底」訊息，私隱專員可在符合以下三項條件

---

24 《私隱條例》第 66G(8) 條。

25 《私隱條例》第 66G(2) 條。

26 《私隱條例》第 66G(3) 條。

27 《私隱條例》第 66I(1) 及 (2) 條。

的情況下，向有能力採取停止披露行動的香港人士發出停止披露通知[28]：

- 在未獲該資料當事人同意下披露其個人資料；
- 披露者意圖或罔顧該披露是否會導致資料當事人或其家人蒙受指明傷害；及
- 在該項披露作出時，該資料當事人屬香港居民或身處香港。

由於網絡世界沒有地域限制，所以停止披露通知具有「域外管轄權」。若涉嫌「起底」的訊息屬電子訊息，不論有關披露是否在香港境內發生，私隱專員亦可向非港人服務提供者發出停止披露通知[29]，強制要求移除「起底」訊息。

私隱專員可以向什麼人士發出停止披露通知？根據實際情況，當中包括：

香港人士	• 身處香港的人 • 香港設有業務地點的網絡服務供應商
非港人服務提供者 （只限於電子訊息）	• 海外社交媒體平台營運者 • 境外服務提供者

《修訂條例》訂明停止披露通知會清楚列明要求須採取的停止披露行動[30]，當中包括：

- 從該訊息發布所在的電子平台（相關平台）上，將該訊息移除；
- 停止或限制任何人 ——

---

28 《私隱條例》第 66K(1) 條。

29 《私隱條例》第 66M(2) 條。

30 《私隱條例》第 66L 條。

(i) 透過相關平台，接達該訊息；

(ii) 接達相關平台上該訊息發布所在的部分或整個相關平台；或

• 終止為相關平台上該訊息發布所在的部分或整個相關平台提供主機服務。

違反停止披露通知屬刑事罪行，首次定罪可被處罰款港幣 50,000 元及監禁兩年，如屬持續罪行，可就該罪行持續期間的每一日，另被處罰款港幣 1,000 元；及其後每次定罪可被處罰款港幣 100,000 元及監禁兩年；如屬持續罪行，可就該罪行持續期間的每一日，另被處罰款港幣 2,000 元[31]。

在收到私隱專員發出的停止披露通知時，你可能會擔心若然遵從當中所要求的停止披露行動，會令你招致民事索償，但不遵從又會引致上述的刑事責任。有見及此，《修訂條例》同時引入豁免條文，列明任何人不會僅因遵從停止披露通知，而招致對另一人的任何民事法律責任，包括在合約法、侵權法、衡平法或是在其他法律下產生的民事法律責任[32]。

任何獲送達停止披露通知及受停止披露通知影響的人士，可透過上訴機制，在停止披露通知發出的 14 日內，向行政上訴委員會提出上訴[33]。為達到訂立《修訂條例》的目的，即確保可有效及迅速地移除「起底」訊息，上訴程序並不會影響停止披露通知的施行。換言之，在等候上訴最終決定的期間，獲送達停止披露通知的人士仍須先在指定時間內遵從停止披露通知。

---

31 《私隱條例》第 66O(1) 條。

32 《私隱條例》第 66P 條。

33 《私隱條例》第 66N 條。

此外，為有效防止社會上大規模或重複發生「起底」罪行並迅速遏止「起底」訊息被繼續廣泛地傳閱和轉發。私隱專員可向高等法院原訟法庭申請強制令，原訟法庭如信納某人士（或任何屬於某類別或符合某種描述的人士）已經、正在或可能會參與「起底」罪行，即可發出強制令 [34]。

你可能會感到疑惑，認為「停止披露通知」和「強制令」同樣用於移除「起底」訊息，兩者究竟有什麼不同？一般而言，強制令需要向法庭提出申請，一般是禁制／預防的性質，主要目的是防止有關的「起底」行為於日後再次發生。但當「起底」行為發生後，私隱專員可根據《修訂條例》發出停止披露通知，目的是盡快移除有關的訊息，以減低對資料當事人及其家人的傷害。

若希望進一步了解《修訂條例》、「起底」的修訂條文及刑責，可瀏覽私隱專員公署打擊「起底」專題網站，並參閱私隱專員發出的《修訂條例》執行指引。

以下為與「起底」相關的罪行及相關刑罰的簡表：

34 《私隱條例》第 66Q 條。

《修訂條例》條文	罪行	最高罰款（港幣）	最高監禁
第 64(1) 條	披露未經資料使用者同意而取自該資料使用者的某資料當事人的個人資料，意圖獲取財產或金錢得益或導致資料當事人蒙受財產或金錢損失	1,000,000 元	5 年
第 64(3A) 條	在以下情況披露某資料當事人的個人資料： (1) 未獲資料當事人的相關同意；及 (2) 意圖或罔顧該披露是否會（或相當可能會）導致資料當事人或其家人蒙受任何指明傷害	100,000 元	2 年
第 64(3C) 條	在以下情況披露某資料當事人的個人資料： (1) 未獲資料當事人的相關同意； (2) 意圖或罔顧該披露是否會（或相當可能會）導致資料當事人或其家人蒙受任何指明傷害；及 (3) 該披露導致資料當事人或其家人蒙受任何指明傷害	1,000,000 元	5 年
第 66E(1) 條	沒有遵從根據《修訂條例》第 66D(2) 條發出的書面通知的要求	循簡易程序定罪：50,000 元 循公訴程序定罪：200,000 元	循簡易程序定罪：6 個月 循公訴程序定罪：1 年
第 66E(5) 條	出於詐騙意圖，沒有遵從書面通知，或在遵從書面通知時，提供虛假或誤導性的材料、答覆、指示、解釋、詳情或陳述	循簡易程序定罪：100,000 元 循公訴程序定罪：1,000,000 元	循簡易程序定罪：6 個月 循公訴程序定罪：2 年
第 66I(1) 條	如無合法辯解，而妨礙、阻撓或抗拒任何人員或任何協助的人員行使《修訂條例》第 66G 或第 66H 條下賦予的權力	10,000 元	6 個月
第 66O(1) 條	獲送達停止披露通知的人違反該通知	首次定罪：50,000 元 如罪行持續，可另處每一日罰款 1,000 元 其後每次定罪：100,000 元；如罪行持續，可另處每一日罰款 2,000 元	首次定罪：2 年 其後每次定罪：2 年

打擊「起底」 責無旁貸

作為個人資料私隱的守護者，私隱專員公署對打擊「起底」絕對責無旁貸。讓我們來回顧一下，私隱專員公署在打擊「起底」個案方面作出了甚麼跟進行動：

- 私隱專員發出《修訂條例》執行指引，闡述《修訂條例》所新增的「起底」罪行的涵蓋範圍及私隱專員在《修訂條例》下可以行使的刑事調查、檢控和發出停止披露通知的權力等，以供公眾參閱。

- 設立熱線（3423 6666），處理有關「起底」的查詢或投訴。

- 成立刑事調查部，對涉嫌觸犯「起底」罪行的案件進行刑事調查，以更有效地打擊「起底」罪行。

- 截至《修訂條例》生效前，私隱專員公署共 400 多次去信 18 個網站、網上社交平台或討論區的營運商，要求移除共 7,400 多條有關「起底」的連結，並轉介接近 1,500 多宗個案予警方跟進，以及將 65 宗可能違反有關「起底」的臨時禁制令的個案轉介律政司跟進。

- 由 2021 年 10 月 8 日（即《修訂條例》的生效日）至 2022 年 12 月 31 日，私隱專員公署就 114 宗個案展開了刑事調查，並在 12 宗個案採取拘捕行動，共有 12 人被捕。私隱專員公署亦向 26 個網上平台發出 1,500 個停止披露通知，一共要求它們移除超過 17,000 個「起底」訊息。

- 私隱專員公署加強與本地及不同司法管轄區的監管機構的協作，合作打擊社交平台上的「起底」行為。

- 透過一系列的宣傳及教育活動，提高公眾對《修訂條例》的認識，並協助他們遵從相關規定，包括播放短片、電視宣傳片及電台廣播、派發宣傳單張及海報、舉辦實體或網上講座、在社交平台宣傳等。

第 7 章

投訴有門

陳太太：「嘩！我朋友剛發訊息給我，說你在一個熱門的網上論壇被人公審，發帖文的網店店主不忿你『棄單』，於是公開你的相片、姓名及電話號碼作報復，你快來看看這些截圖吧！」

陳先生：「豈有此理！這間網店太過分了！就算他們不滿意我取消訂單，亦不能如此公審我，更不能公開我在社交網站上的相片及訂貨時提供的個人資料。哼！他們如此不尊重我的個人資料私隱，我要去私隱專員公署投訴他們！」

陳先生應該如何投訴？私隱專員公署又會如何處理有關投訴呢？

誰可投訴？

要投訴先要知道誰有權投訴。根據《私隱條例》，涉事資料的資料當事人可以作出投訴[1]。上述網店店主披露了陳先生的個人資料，陳先生作為資料當事人，有權向私隱專員投訴。

雖然他有權投訴，但投訴成立與否須視乎案件的事實和證據，而私隱專員有酌情權決定是否進行正式調查[2]。

其實，向私隱專員投訴只是其中一種解決方式。私隱專員鼓勵投訴人先與涉嫌不當處理個人資料的人士或機構聯絡，嘗試向他們表達不滿，以解決爭端。

1　《私隱條例》第 37(1) 條。

2　《私隱條例》第 39 條。

香港個人資料私隱專員公署
Office of the Privacy Commissioner for Personal Data,
Hong Kong

香港個人資料私隱專員公署設有投訴部門，幫助市民處理投訴事宜。

如何投訴？

如要投訴，可到私隱專員公署的網頁下載適用的投訴表格[3]，或親自前往私隱專員公署的辦事處索取那些表格。投訴人要在表格上填寫個案詳情及聯絡方法，然後把表格連同相關資料交回便可（見本章「處理投訴程序圖」之第一階段：「接獲投訴」）。

私隱專員公署的跟進工作

在接獲投訴後，私隱專員公署的職員會聯絡投訴人，核實他們的身分及向他們進一步了解個案的情況（見本章「處理投訴程序圖」之第二階段：「審閱投訴」）。

接着，私隱專員公署一般會先嘗試調停爭議。在 2022 年完成處理的 2,084 宗投訴中（撇除有關「起底」的個案），有超過 50%（共 1,050 宗）的投訴案件在初步評估後，經私隱專員公署以調停方式成功解決。在調停投訴時，私隱專員公署一般會向機構提出勸喻、建議或警告，要求就問題或違反情況作出適當的糾正。

如調停不成功，私隱專員會決定是否展開正式調查。私隱專員會充分考慮個案的所有情況，包括各方提供的證據，按照既定程序進行全面分析，作出合法、合情和合理的決定（見本章「處理投訴程序圖」之第三及第四階段：「處理投訴」及「調停」）。

3　投訴表格（一般投訴用的 OPS001 及「起底」投訴用的 OPS004）可於私隱專員公署的網頁下載。

處理投訴程序圖

接獲投訴

審閱投訴 → 審閱後不再處理

處理投訴

事態嚴重的個案

涉嫌違反《私隱條例》第 64(1)及 64(3A)條的「起底」個案

涉嫌違反《私隱條例》第 64(3C)條的「起底」個案、有關直接促銷或沒有依從查閱／改正資料要求的個案

調停 —成功→ 勸喻／警告／解決

不成功

調查

公署進行《私隱條例》第 66C 條訂明的刑事調查

警方刑事調查

違反《私隱條例》

無違反《私隱條例》

公署考慮循簡易程序提出檢控

公署告知投訴人調查結果

警告／執行通知 ——違反執行通知——→ 檢控罪行

拒絕進行調查或終止調查

　　私隱專員有酌情權可拒絕進行或決定終止由投訴引發的調查，拒絕的理由包括[4]：在收到投訴當日投訴人已實際知悉所涉行為超過兩年；投訴所涉及的行為是微不足道或無理取鬧的；投訴的主要事項其實並非與個人資料私隱有關或投訴不是真誠作出的；有任何其他理由進行調查或繼續進行調查是不必要的。以「不必要」為原因而拒絕進行調查或繼續進行調查是較為廣闊的酌情權，因此私隱專員在其《處理投訴政策》[5]內列舉了一些情況以解釋如何行使該酌情權，例如：

- 私隱專員公署進行初步查詢後無違反條例任何規定的表面證據；
- 私隱專員公署已調停有關個案；
- 被投訴者已採取糾正措施；或
- 基於其他實際情況的考慮，致令私隱專員認為就個案進行調查或繼續進行調查個案，亦不能合理地預計可帶來更滿意的結果。

調查及執法權力

　　究竟私隱專員有多大的調查和執法權力呢？答案得視乎投訴事項是否涉及「起底」行為。本書第 6 章提到，自《修訂條例》於

4　可參考《私隱條例》第 39(1) 及 (2) 條。

5　該政策可見私隱專員公署的網頁。

2021 年 10 月實施，私隱專員有權就「起底」相關的罪行進行刑事調查和提出檢控。不過，這些刑事調查和檢控權力，只適用於「起底」相關的個案。

在一般情況中，投訴人須向私隱專員提供足夠的資料及證據以便處理投訴[6]。如投訴人未能明確指出涉案資料使用者的身分，投訴可能不會被接納。

雖然私隱專員在調查「起底」以外的案件時，沒有刑事調查的權力[7]，但私隱專員仍可行使《私隱條例》第 7 部各條文所賦予的權力，當中包括：

- 向他認為合適的人獲取他認為合適的資訊、文件或物品，以及作出認為合適的查訊[8]；
- 傳召他認為能提供相關資訊的人到他席前及訊問該人[9]；
- 為調查的目的而進行聆訊[10]；及
- 為調查而進入處所[11]。

儘管違反保障資料原則本身並不構成刑事罪行，但私隱專員可因應該違反向相關的資料使用者發出執行通知[12]，指令相關的資料使用者糾正該項違反，以及防止該違反再次發生。違反私隱專員發

---

6 就作出投訴時必須向私隱專員提供的資料，請參閱《處理投訴政策》。

7 詳情請參見本書第 6 章「打擊『起底』」。

8 《私隱條例》第 43(1)(a) 條。

9 《私隱條例》第 44 條。

10 《私隱條例》第 43(2) 條。

11 可根據《私隱條例》第 42 條，在事先通知的情況下進入處所，或向法院申請手令在毋須事先通知的情況下進入處所。

12 《私隱條例》第 50 條。

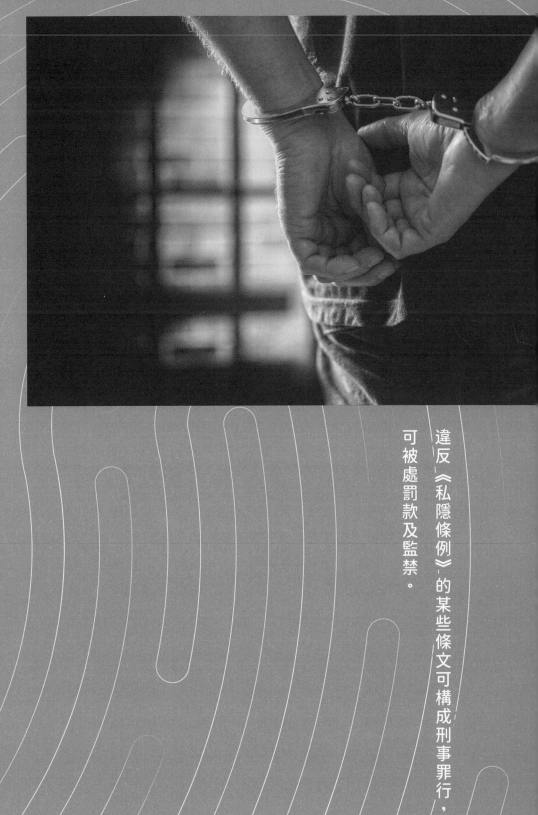

違反《私隱條例》的某些條文可構成刑事罪行，可被處罰款及監禁。

出的執行通知即屬犯罪，可處罰款及監禁的刑罰 [13]。此外，違反《私隱條例》的某些條文可構成刑事罪行 [14]，私隱專員會把合適個案轉介警方進行刑事調查，並按實際情況由相關部門考慮是否作出檢控。至於刑事案件，市民亦可直接向警方報案。

完成調查後發出報告

私隱專員在完成調查後，會告知有關的資料使用者及投訴人調查結果 [15]。

在符合公眾利益的情況下，私隱專員可向公眾發表調查報告，當中包括調查結果及評論。這個做法除了是希望提升公眾人士對所涉及的私隱議題的關注外，亦可令市民了解某些機構的不當做法所衍生的問題，繼而加強對公眾的私隱保障教育。私隱專員所發表的調查報告可於私隱專員公署的網頁內下載。

關於投訴的統計及有趣的分析

私隱專員公署每年都會面對大量投訴，近年還出現投訴數量激增的趨勢。因此私隱專員注重分析各類投訴，以了解社會整體需要重點處理的私隱問題，並可按需要分配規管及宣傳教育方面的資源，

---

13 《私隱條例》第 50A 條，一經定罪，最高可處罰款港幣 50,000 元及監禁兩年。如罪行持續者，可處每日罰款港幣 1,000 元。

14 例如：《私隱條例》第 5 及 6A 部有關個人資料的查閱和更正，以及規管直接促銷的條文。

15 《私隱條例》第 47 條。

對症下藥，從而有效提升香港社會的整體私隱保障。從這些數字及分析可看到一些有趣的現象，例如以下三方面：

1. 被投訴最多的是私營還是公營機構？
2. 最常見的投訴議題是甚麼？主要涉及《私隱條例》中哪些範疇？
3. 濫用投訴機制的情況如何？

以下是一些在 2022 年 1 月 1 日至 2022 年 12 月 31 日之間私隱專員公署接獲的投訴個案的統計：

1. 被投訴最多的是私營還是公營機構？

2022 年度所接獲的投訴（共 2,084 宗）[16]

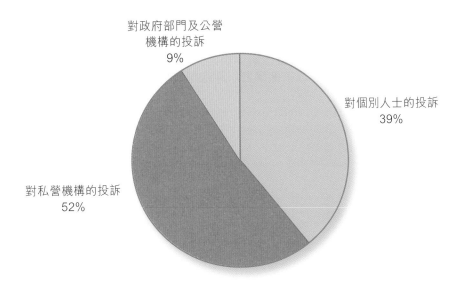

對政府部門及公營
機構的投訴
9%

對個別人士的投訴
39%

對私營機構的投訴
52%

從上圖可見，在 2022 年度，私隱專員接獲對私營機構的投訴的比率較高。

16 已撤除與「起底」相關的個案。

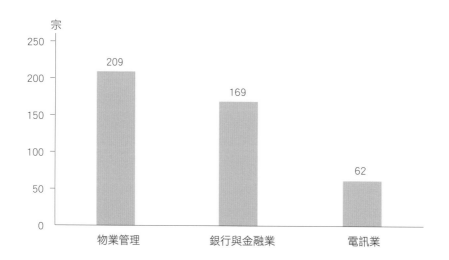

2022 年度被投訴的私營機構的界別

宗

物業管理 209
銀行與金融業 169
電訊業 62

2. 最常見的投訴議題是甚麼？
主要涉及《私隱條例》中哪些範疇？

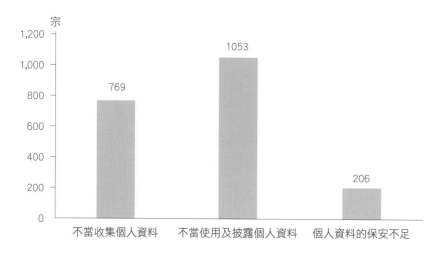

2022 年度接獲投訴中最常見的三項指稱性質涉及
以下保障資料原則或條文

宗

不當收集個人資料 769
不當使用及披露個人資料 1053
個人資料的保安不足 206

（註：同一投訴中可能涉及多於一項的指稱。）

私隱專員公署在 2022 年度接獲的 2,084 宗投訴個案中，共涉及 2,591 項指稱的涉嫌違規行為，上圖中的三項指稱性質合共佔總投訴指稱約 79%。

2022 年度的投訴中最常見的議題

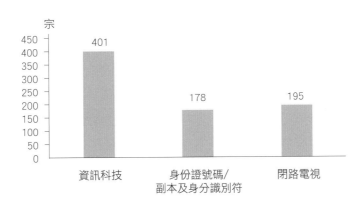

從上圖可見關於資訊科技的投訴數字大幅拋離其他投訴議題。當中較多涉及：

- 流動應用程式及社交網站；
- 互聯網披露或洩漏個人資料；及
- 網絡欺凌。

不難發現，由於互聯網及智能電話的廣泛應用，市民普遍對保護網上私隱的意識提高，投訴數字因而高企。這說明市民對於這方面的私隱保護知識需求增加，也比過往更了解自己在《私隱條例》下的權利。私隱專員公署亦因應情況，把資源投放在這方面的宣傳教育工作，例如特別針對網上保障個人資料私隱的專題，在網頁向市民提供資料，提醒市民在上網時「慎留數碼腳印」，推廣「保障、尊重個人資料」的文化。大家不妨到私隱專員公署的網頁瀏覽相關的資料單張及小冊子。

3. 濫用投訴機制的情況如何？

　　隨着市民對個人資料私隱的關注度提高，利用投訴機制以解決私人糾紛的情況亦有上升趨勢。這些投訴的主要事項很多時與個人資料私隱不直接相關（例如投訴實質上是源於消費、僱傭或合約糾紛），又或投訴是基於與私隱無關的因素（例如私人夙怨）而引起。當中也有一些個案是投訴人慣常及不斷地向私隱專員提出針對同一方的投訴。

　　私隱專員公署作為以公帑營運的公共機構，有責任確保其資源有效運用，減少不適當的資源虛耗。遇到上述情況時，私隱專員會考慮個案的所有情況，根據《私隱條例》行使酌情權，決定拒絕進行或終止調查。曾有投訴人不滿私隱專員作出拒絕進行或終止調查的決定，向行政上訴委員會上訴，但最終上訴不僅被駁回，該上訴人還因以瑣屑無聊或無理取鬧的方式處理案件，而被行政上訴委員會判罰支付相關訟費。

循規審查及主動調查

　　你或許會懷疑，若沒有人投訴，私隱專員是否不能作出調查和執法呢？

　　其實，如果出現懷疑違規事件，即使沒有人投訴，私隱專員也可按實際情況主動循規審查或直接展開調查 [17]。

---

17 《私隱條例》第 8 及 38(b) 條。

法律協助

　　個人有權向違反《私隱條例》規定的資料使用者於香港區域法院提出民事訴訟，要求賠償所蒙受的損害（包括情感傷害）[18]。由 2013 年 4 月 1 日起，私隱專員已獲賦權向尋求補償的人士提供法律協助[19]。

　　私隱專員提供的法律協助形式包括提供法律意見、調解及為受助人在法庭作為法律代表行事。私隱專員會考慮申請個案的案情及證據、案件是否有助釐清原則性問題和成為法律先例、申請人若不獲協助而自行興訟是否合理等因素，以決定是否批核申請。詳情可參閱「根據《個人資料（私隱）條例》提出民事申索的法律協助」的資料單張[20]。下表提供部分已完結的法律協助個案摘要作參考：

---

18 《私隱條例》第 66 條。

19 經《2012 年個人資料（私隱）（修訂）條例》加入第 66B 條。

20 該資料單張可於私隱專員公署的網頁下載。

私隱專員提供的法律協助性質及結果	違例事項的例子
提供法律意見，認為擬申索者沒有合理的勝訴機會	工會在未取得申請人的同意下，向第三者披露有關申請人僱傭糾紛的個人資料
代表申請人提出法律程序並取得判決	非必要地向申請人就讀學校之校長及老師披露涉及申請人的法律程序文件
提供法律意見，並為申索者發出律師信	治療師在未取得申請人的同意下將其治療過程的分享刊載於出版的書籍內
達成和解協議（補償金額在港幣 100,000 元以下）	**個案 1**：遭申請人提出人身傷害索償的被告之代表律師，把申請人的受僱詳情和有關索償洩漏予他的同事 **個案 2**：申請人的僱主在其共享網絡磁碟機上非必要地披露申請人過往的收入及受僱紀錄，讓他的同事可以查閱 **個案 3**：代表申請人的丈夫準備向申請人提出離婚訴訟之律師代表在未取得申請人的同意下，把有關法律文件傳送至申請人辦公室的電郵信箱，也沒有把有關文件加密，以致申請人的同事們都可輕易地閱覽有關文件的內容
達成和解協議（補償金額在港幣 100,000 元至 200,000 元之間）	**個案 1**：銀行把申請人的敏感個人資料（包括身分證明文件的副本、按揭資料、受僱詳情和銀行戶口簽名式樣）洩漏予無關的客戶 **個案 2**：學校把終止聘任申請人的理由披露予全體教職員

第 8 章

重要個案分析

個案一：《東周刊》拍攝及刊登途人照片 [1]

傳媒刊登照片以帶出或配合報道的主題十分常見，這些照片常以公眾場所作背景，例如以刊登市民一窩蜂排隊購買樓花的照片來表達樓市熾熱的情況、以香港人近年追捧偶像的照片來探討香港的「追星」文化、大批馬迷進場的照片以表達馬場入場人數創新高的情況等。當中大部分被攝入鏡頭的人士都不知悉自己成為拍攝對象。究竟這些照片是否屬於個人資料呢？「相中人」在不知情下被拍攝又是否構成不公平收集他的個人資料呢？

事件經過

1997 年 9 月，《東周刊》雜誌的記者為了撰寫一篇有關香港女士時尚觸覺的文章，指示攝影師在公眾地方拍攝途人的照片，作為稿件的插圖。攝影師以長焦距鏡頭在銅鑼灣繁忙的街道上拍攝，途人被拍攝時並不知情。《東周刊》其後刊登了有關文章，記者根據這批照片品評了六位女士的衣着打扮，當中被記者稱為「冬菇頭」的投訴人被揶揄欠缺時尚觸覺。

投訴人不滿攝影師沒有得到她的同意便拍下她的影像，更把照片刊登在周刊上，並作出負面評論，令她被朋友取笑，面對客戶時感到尷尬，害她不敢再穿上照片上的衣服（還是新買的呢）。為此，投訴人向私隱專員公署投訴《東周刊》侵犯了她的個人資料私隱。

1　*Eastweek Publisher Limited & Another v Privacy Commissioner for Personal Data* [2000] 2 HKLRD 83（民事上訴案件 1999 年第 331 號）。

私隱專員的調查結果

在私隱專員調查個案期間,《東周刊》承認其攝影師是在投訴人不知情及未獲得她的同意下在遠處拍攝投訴人。《東周刊》又指攝影師在拍攝照片後曾嘗試與投訴人接觸,希望取得她的同意刊登有關照片,但當時投訴人已消失在茫茫人海中。《東周刊》也解釋上述拍攝工作是新聞搜集活動的一部分,並無不合理的地方。

私隱專員經調查後認為《東周刊》以不公平的方法收集投訴人的個人資料,違反了保障資料第 1(2) 原則。考慮到有關文章的主題與內容,私隱專員並不認同《東周刊》當時正從事新聞活動。個案中所指的不公平方法,是攝影師使用了長焦距鏡頭於遠距離在投訴人不知情及無法即時作出拒絕的情況下拍攝;而拍攝的場地是香港最繁忙的街道之一,攝影師或記者期望可「先拍照後問准」並不合理。此外,《東周刊》從未制訂任何政策,限制刊登在未獲當事人同意的情況下拍攝的照片,或是要求員工以無法識辨相中人身分的方式刊登有關照片。

司法覆核

《東周刊》對私隱專員的決定提出司法覆核。高等法院原訟法庭法官對照片是否屬於《私隱條例》釋義下的「個人資料」,以及保障資料原則是否適用於本案表示懷疑,不過在《東周刊》的代表律師沒有爭議的情況下,法庭並無就此作出裁決。另一方面,法庭認同私隱專員的看法,認為《東周刊》為「探討港女時尚觸覺」的文章而拍攝投訴人並非從事新聞活動,而其拍攝手法也屬不公平,故確認私隱專員的決定,駁回《東周刊》的司法覆核申請。

上訴

《東周刊》就司法覆核的結果提出上訴，理由是《私隱條例》下的保障資料原則並不適用於本案。最終上訴法庭以二比一的比數推翻了原訟法庭的裁決。上訴法庭的裁決撮要如下：

1. 一般來說，拍攝某人的照片可以是收集他的個人資料的方式之一。照片本身可以披露相中人很多資料，包括種族、性別、大約歲數及身高體重等，故照片可屬於《私隱條例》釋義下的「個人資料」。

2. 要構成違反保障資料第 1(2) 原則必須同時符合兩項條件：(i) 有「收集」個人資料的行為；及 (ii) 以不公平的方法收集有關資料。

3. 收集個人資料的行為中不可或缺的一環，是資料使用者必須透過有關行為蒐集一名已識辨其身分、或欲識辨其身分的人的資料；而該人的身分對資料使用者來說是一項重要的資訊。

4. 在本個案中，《東周刊》顯然是為了展示各種風格的衣着而拍攝及刊登不同女士（包括投訴人）的照片；而無論於拍攝及刊登照片的前後，攝影師或記者均不知悉各相中人的身分，亦完全沒有興趣去查明，故相中人的身分對攝影師或記者來說並不重要。基於此點，《東周刊》在這情況下拍攝投訴人的照片並未構成「收集」其個人資料。因此，本個案完全不涉及保障資料第 1 原則。

5. 為免妨礙合法的新聞工作，以上對於收集個人資料的行為的定義尤其重要。例如為了報道某些社會現象（正如本篇首段提及的拍攝市民買樓、「追星」文化及入馬場人數等）的照片，當中偶然被攝入鏡頭的「相中人」的身分對於攝影師或記者來說並不重要，即使照片被刊登後某人被朋友認出，也不代表新聞工作者透過拍攝照片收集了相中人的個人資料。

6. 然而，在某些情況下，傳媒拍攝照片卻可能構成收集個人資料，例如為了追查某位公職人員涉及貪污的醜聞而收集他的資料包括拍攝其照片，甚至是為了建立某些知名人士的資料檔案作日後撰寫訃告之用。

7. 在「資訊私隱」（即有權控制他人所持有關於自己的資訊）、「地域私隱」（即有權控制他人進入自己的私人領土）、「人身私隱」（即人身自由不受干擾的權利）及「通訊及監察私隱」（即享有不被監視或截取通訊的權利）這四類私隱權當中，只有「資訊私隱」才受《私隱條例》的保障，而本個案所涉及的是屬於「人身私隱」的範圍。

分析

· **沒有收集個人資料便無須理會《私隱條例》？**

《東周刊》一案就如何構成《私隱條例》下「收集」個人資料的行為定下準則。雖然該案例是個人資料私隱的範疇裏其中一個重要的案例，但其適用範圍須按照個別情況而定。

以機構為了保安理由安裝閉路電視為例，閉路電視可能攝錄並儲存了大量的個人影像，即使機構沒有意圖去「收集」任何人的個人資料，這些裝置某程度上也侵犯了個人私隱，所以機構必須謹慎行事。一般以保安理由而安裝的閉路電視，機構都會定期自動清洗有關紀錄。然而，當有事故發生時，機構或需查看閉路電視紀錄，並將相關片段輯錄下來作跟進用途，包括識辨涉事人物，此舉可能已構成匯集涉事人物的個人資料，符合《東周刊》一案中有關「收集」個人資料的定義，所以收集、處理及使用相關資料時均受《私隱條例》的監管。

況且，《東周刊》的案例是於 2000 年裁定的，二十多年過去了，在現今資訊科技發達的時代，憑着社交媒體平台的廣泛使用及功能

強大的互聯網搜索器，要識辨原本不認識的「相中人」或「片中人」的身分似乎不再是「不可能任務」。在一宗 2020 年裁決的行政上訴案件中[2]，上訴人投訴大廈立案法團在大廈每一樓層的走廊安裝閉路電視監察鏡頭，其中一個距離其居住單位的大門很接近，使上訴人感覺個人私隱受侵犯，自己的生活被人監視。由於行政上訴委員會受《東周刊》案的上訴法庭判例所約束，行政上訴委員會認為大廈法團為加強保安而在大廈樓層安裝閉路電視鏡頭並非藉此匯集上訴人，或者其他已辨識其身分的人士的資料，或設法或意欲辨識其身分的人士的資料，因而裁定上訴不成立。但是行政上訴委員會同時指出，《東周刊》案例對《私隱條例》下「收集」個人資料的解釋「狹義和不合時宜」。

事實上，自上訴法庭就「東周刊案」頒下裁決二十多年以來，科技發展經歷了前所未有的進步和革新，社會大眾對個人資料私隱的期望亦與日俱增。隨着不同類型的新科技發明獲廣泛應用，在與「東周刊案」當時的社會背景截然不同的時代，法庭對於類同的案件或許會有不同的看法。《私隱條例》屬以原則為本及科技中立的法例，故即使涉及日新月異的科技，也離不開最根本性的考慮，亦即有關科技的運用是否構成「收集」一名在世人士的個人資料；如果是的話，《私隱條例》下對資料當事人的保障及對資料使用者的規管便理應伴隨，並就有關條文作出相應的演繹。

• 新聞工作者可獲豁免？

在《東周刊》一案中，上訴法庭重申新聞工作者在收集個人資料方面並沒有獲得豁免而無須遵從《私隱條例》行事。裁定《東周刊》上訴得直的理據，純粹是基於《東周刊》沒有「收集」個人資料，

2　行政上訴案件 2019 年第 7 號。

所以上訴法庭不必就有關拍攝手法是否不公平作出任何裁決。若傳媒在採訪或搜集新聞材料時涉及收集個人資料的話，必須符合保障資料第 1 原則的規定，關於新聞的豁免並不涵蓋收集資料的活動[3]。行政上訴委員會於另一案例的裁決中闡明何謂以「不公平」的方法收集公眾人物的個人資料，以及何謂涉及公眾利益。詳情可參看下一篇關於傳媒機構偷拍藝人私人活動的個案分析。

· **我也可以隨意拍攝途人嗎？**

　　你有沒有看過網上經轉發的巴士乘客霸氣伸腿放上座位的偷拍照？又或是因拒讓關愛座而發生乘客罵戰的短片？隨着智能電話及互聯網的普及，我們可以隨時隨地拍攝生活片段，不但可以即時跟他人分享這些見聞、交流想法，更能輕易查閱他人所分享的資訊，流傳得既快且廣。而在一些「網上瘋傳」的圖文短片中，事件的主角除了被網民在討論區上恣意批評，更可能被網民「起底」，公開姓名及電話號碼，繼而在不同的網上平台受到指責和抨擊，令當事人承受巨大的壓力。對片中主角造成這些傷害，相信是拍攝及分享者所始料不及。若不想成為網絡欺凌的幫兇，尊重別人的私隱，最好的方法就是「忍忍手」，不要隨便在街上舉機拍攝途人及分享照片或影片了！

個案二：《FACE》及《忽然一周》偷拍藝人私人活動[4]

作為藝人，尤其是當紅的偶像，幾乎 24 小時生活在鎂光燈之下。為了保持形象，藝人即使工餘時也不能「素顏」外出，只有安坐家中才可做回自己。現實生活中，藝人在家中的私隱能受到保障嗎？

3　參閱本書第 5 章。

4　行政上訴案件 2012 年第 5 及第 6 號。

不論是傳統的「紙媒」抑或近年興起的「網媒」，傳媒界的競爭一直非常激烈。為了吸引讀者的眼球及廣告商的垂青，娛樂記者或攝影師不惜化身「狗仔隊」，以跟蹤、偷拍等方法務求得到獨家「猛料」。在一邊閱讀這些娛樂雜誌一邊「吃花生」的時候，我們也應該反思一下如何在尊重藝人的個人資料私隱與公眾知情權之間取得平衡。

事件經過

2011 年，娛樂圈中兩對情侶分別被《FACE》及《忽然一周》偷拍在家中的情況。其中《FACE》的記者分別於兩個晚上和兩個下午拍下一對男女藝人在家中的日常生活及親密行為；而《忽然一周》則刊登了另一名男藝人在其寓所內活動的照片，部分照片更顯示該男藝人全身赤裸，在淋浴前後在家中走動及抽煙的情況，其後一名女藝人在該單位出現。《FACE》及《忽然一周》均在未得到當事人的同意下拍攝及刊登有關其私生活的照片，四名藝人感到被監視，個人私隱受到嚴重侵犯。

私隱專員的調查結果

兩間雜誌社向私隱專員確認有關照片是使用長焦距鏡及放大器所拍攝，而拍攝及刊登有關照片的目的是披露兩對藝人情侶的同居關係，並向年青人證明其偶像的話（否認同居）未必真確，強調有關報道符合公眾利益。兩間雜誌社同時表示沒有就收集藝人私生活資料方面訂立書面守則或指引，但有向其職員指示不應作出違法行為。

私隱專員在考慮相關證據後，得出以下結論：

1. 《FACE》及《忽然一周》拍攝有關照片的行為屬收集藝人的個人資料。

2. 任何個人（不論其社會地位及職業）的私隱均受保護而免受不合理的干擾；有關當事人不應純粹因為是藝人而被剝奪私隱受保護的權利。

3. 藝人對於自己在居所內的私隱是有合理期望的。

4. 鑑於拍攝地點與有關藝人居所之間的距離（分別是 80 米和接近 1,000 米），拍攝居所內的情況必須使用長焦距鏡和放大器等輔助器材，一般人不會預期自己在家中的活動會被人在如此遠距離外使用輔助器材拍攝。

5. 《FACE》及《忽然一周》記者在案中的拍攝行為嚴重侵犯了當事人的私隱。

6. 有關照片並不涉及公眾利益。

7. 雜誌社不應依賴僱員自行詮釋《私隱條例》的規定而沒有提供具體的收集資料指引。

基於上述結論，私隱專員認為《FACE》及《忽然一周》以不公平的方法收集了三名藝人[5] 的個人資料，違反了保障資料第 1(2) 原則。考慮到有關違反行為可能會持續或重複發生，私隱專員分別向《FACE》及《忽然一周》發出執行通知，指令雜誌社須在 21 天內依從以下各項：

1. 從資料庫及網站永久刪除有關照片；

2. 就通過有系統的監察在隱蔽地方及／或遠距離拍攝的方式收集個人資料，制訂令私隱專員滿意的私隱指引；及

3. 採取所有合理及切實可行的步驟，例如通過適當培訓、指導及監督（如有需要，作出紀律處分），以確保雜誌社的職員遵從上述私隱指引。

---

5   四名當事人中其中三人向私隱專員作出正式投訴。

上訴

　　《FACE》及《忽然一周》不滿私隱專員的結論及發出執行通知的決定，分別向行政上訴委員會上訴。主要上訴理由包括：私隱專員認為雜誌社以不公平方法收集個人資料的決定是錯誤的；《私隱條例》並沒有賦予私隱專員權力指令雜誌社制訂私隱指引及採取步驟確保職員遵從指引；以及要求雜誌社在 21 天內依從執行通知並不合理。由於兩宗涉及的議題相同，所以上訴是連續審理。經聆訊後行政上訴委員會維持私隱專員對兩宗個案的決定，駁回上訴。行政上訴委員會的裁決重點如下：

1. 根據「東周刊案」，照片影像構成《私隱條例》下的「資料」，這點並無爭議。

2. 要決定收集個人資料是否公平，公眾利益是考慮因素之一。如有互相衝突的考慮因素，便要在收集個人資料的公平性與公眾知情權兩者之間取得平衡。

3. 雜誌社援引的兩宗英國案例（*Woodward v Hutchins* [1977] 1 WLR 760 及 *Campbell v MGN* Ltd [2004] 2 AC 457）並無助其上訴。法庭認為該兩宗英國案例所涉及的知名歌手及模特兒均主動向傳媒提供一些有利自己但不真確的消息，最終被揭發是謊言亦與人無尤。在本個案中，沒有證據顯示有關藝人曾主動宣傳其感情生活，只有被傳媒問及是否與他人同居時才作出否認，這與兩宗英國案例中的情況不同。至於本個案中雜誌社聲稱是為了公眾利益而公開的事情（即兩對藝人情侶的同居關係），與 *Campbell* 一案中的主角所涉及藏有及使用非法藥物一事的性質截然不同，後者屬刑事罪行並且極受公眾關注。行政上訴委員會特別指出，公眾有興趣知悉的事情並不等同涉及公眾利益。

4. 行政上訴委員會認同私隱專員的決定，認為雜誌社在個案中偷拍有關藝人的私生活，構成以不公平的方法收集藝人

的個人資料，違反了保障資料第 1(2) 原則。此外，考慮到雜誌社由始至終也不認為有關拍攝方法有不妥之處，亦沒有向職員提供相關指引，加上報道同類型消息以帶來商業收益的誘因繼續存在，故行政上訴委員會亦認同有關違反行為會持續或重複發生。

5. 行政上訴委員會不接納雜誌社所指私隱專員發出執行通知的決定是錯誤的。《私隱條例》下有關新聞的豁免條款不適用於本案，而執行通知中所要求的事項亦符合《私隱條例》賦予私隱專員的權力。即使雜誌社違反執行通知會引致刑事責任，亦不等同私隱專員扮演了法官的角色，畢竟私隱專員對雜誌社的刑事責任沒有最終決定權，故不存在所謂違反分權原則的情況。

6. 行政上訴委員會亦不認為要求雜誌社在 21 日內依從執行通知是不合理的，而所草擬的私隱指引須令私隱專員滿意的規定也非不合理或具壓迫性。行政上訴委員會進一步表示，如雜誌社已作出所有合理的努力在時限內擬備私隱指引，很難理解為甚麼不可引用《私隱條例》下的法定免責辯護，即資料使用者「已作出一切應作出的努力以遵從有關執行通知」。

分析

· **為甚麼《東周刊》記者在街上拍攝途人不算是收集個人資料，而《FACE》和《忽然一周》為報道真相而偷拍藝人卻構成以不公平的方式收集藝人的個人資料呢？**

「東周刊案」釐清了「收集」個人資料的定義，即資料使用者必須透過有關行為蒐集一名已識辨其身分、或打算識辨其身分的人士的資料。《東周刊》攝影師拍攝陌生的女士以作關於香港女性衣着的專題報道，被拍攝的對象的身分或背景對有關報道並無用處，只要其穿戴有特色並值得談論便有機會成為記者或攝影師的目標。

因此，《東周刊》記者或攝影師在這情況下拍攝途人並不符合法庭就「收集」個人資料所作的詮釋。

相反，《FACE》和《忽然一周》的相關報道分別針對兩對藝人情侶，記者以揭露兩對情侶的同居關係為目的而連日追蹤及偷拍，當事人的名字更出現在雜誌封面及內文報道的標題。明顯地，有關報道以個別藝人的私生活為主題，而並非概括地探討任何社會現象或風氣。《FACE》和《忽然一周》的記者正正是透過有關偷拍行為去蒐集已識辨其身分的藝人的個人資料（藝人的私生活），因此構成收集有關藝人的個人資料，故必須依從《私隱條例》行事。鑑於拍攝的情況及所使用的輔助工具等已超出當事人對於身處自己居所內所享有的私隱的合理期望，而報道所披露的內容並不涉及公眾利益，故記者採取「非常」手法拍得相關照片屬不公平的收集方式。

· 小市民拍攝公眾人物會否違反《私隱條例》？

現時人人「一機在手」，如你在逛街時偶遇自己的偶像，想必立刻舉機拍攝及分享到「朋友圈」吧！這些以特定知名人士為對象的拍攝或錄像行為，可以構成收集當事人的個人資料。大家可能認為，藝人是公眾人物，他們在公眾場所被人認出並被偷拍屬「意料之內」，因此亦無傷大雅。在公眾場所拍攝公眾人物，未必構成以不公平的方法收集個人資料，不過，當身處的地方是的士車廂或家裏時，偷拍是否亦是公眾人物所「意料之內」呢？

2019 年發生一宗懷疑藝人在的士車廂被偷拍的事件，事件除了是「八卦新聞」外，亦引起大眾對在的士車廂內安裝攝錄裝置的私隱關注。一般來說，乘客在的士車廂期望能享有的私隱度，比在其他公共交通工具高。若司機於細小的士車廂空間內安裝攝錄裝置拍攝乘客，並構成《私隱條例》下「收集」乘客的個人資料，便須遵守《私隱條例》下的保障資料原則。

個案三：國泰航空資料外洩事故[6]

如果大家經常需要到外地旅遊或公幹，很大機會已成為航空公司的會員。2018 年 10 月，國泰航空突然公布了一個震撼全城的消息，指公司及其全資子公司港龍航空（「國泰」）全球大約 940 萬名乘客的個人資料曾被不當取覽。事件隨即受到廣泛的報道及關注，立法會亦就事件邀請了國泰時任主席及行政總裁公開交代事件。國泰主席表示深明保障乘客的資料安全至為重要，並承認國泰在事件中有無可推諉的責任，而作為一間香港的航空公司，他們對是次事件影響眾多的香港市民深表遺憾。

事件經過

2018 年 3 月，國泰首次在系統中發現可疑活動跡象，其後隨即聘請網絡安全公司協助調查並採取跟進措施，而在調查期間，系統仍然持續受到攻擊。國泰表示由於情況複雜，他們直至 2018 年 10 月才完成確認每位受影響乘客被取覽的個人資料，並公布事件。受事件影響的都是國泰的乘客，當中包括來自超過 260 個國家及地區的亞洲萬里通和馬可孛羅會的會員和註冊用戶。涉及的個人資料主要包括姓名、航班編號及日期、稱謂、電郵地址、會員號碼、地址及電話號碼等。

私隱專員就事件展開調查，以確定國泰有否在資料保安方面違反《私隱條例》的規定。

私隱專員的調查結果

私隱專員在調查過程中，審視了國泰的保安系統及管理。由於與事件有關的國泰資訊系統規模龐大且複雜，私隱專員就事件所涉

6　私隱專員的調查報告編號 R19-15281。

及的科技保安事宜尋求獨立專家作第二意見。完成調查後，私隱專員總結認為國泰在漏洞管理、採用有效的技術保安措施，以及資料管治方面，沒有採取所有合理地切實可行的步驟，以保障受影響乘客的個人資料免受未獲授權的取覽或查閱，因而違反了《私隱條例》保障資料第 4(1) 原則：

1. 國泰未能識辨一個廣為人知及可被加以利用的保安漏洞，亦未能識辨利用該漏洞的行為，同時沒有採取合理地切實可行的步驟，在建立該伺服器時有適當的部署；
2. 國泰只為該伺服器每年進行一次漏洞掃描，其為應對不斷變化的數碼威脅而採取的系統保安措施，流於表面及過分鬆懈；
3. 國泰沒有採取合理地切實可行的步驟，避免該伺服器的管理員控制台埠暴露於互聯網，為攻擊者開啟一個入口；
4. 對所有涉及存取資訊系統內個人資料的遙距使用者，國泰應實施有效的多重身分認證；
5. 國泰沒有採取有效的保安管控措施，為了方便遷移數據中心而建立未經加密的數據庫備份檔案，導致受影響乘客的個人資料暴露予攻擊者；
6. 國泰應建立有效的個人資料庫存，以涵蓋所有載有個人資料的系統；及
7. 國泰對風險的警覺性低，在發生 2017 年的保安事故後，沒有採取合理地切實可行的步驟，減低國泰資訊系統被植入惡意軟件及被入侵的風險。

此外，私隱專員認為國泰在沒有合理原因的情況下，沒有採取所有合理地切實可行的步驟，確保受影響乘客的香港身份證號碼的保留時間，不超過達致核實身分的目的，亦違反了《私隱條例》保障資料第 2(2) 原則，即有關資料保留方面的規定。

私隱專員的決定

私隱專員認為國泰違反了《私隱條例》保障資料第 2(2) 及第 4(1) 原則，因此向國泰送達執行通知，指示國泰進行以下的補救及糾正工作：

1. 聘請獨立的資料保安專家徹底檢修載有個人資料的系統；
2. 為所有會存取載有個人資料的資訊系統的遙距使用者，實施有效的多重身分認證，並承諾定期檢視遙距存取的權限；
3. 定期在伺服器及／或應用程式層面進行有效的漏洞掃描；
4. 聘請獨立的資料保安專家，定期對網絡的保安進行檢視／測試；
5. 制訂清晰的資料保留政策，訂明每個系統內的乘客資料的保留期限，即不超過將其保存以貫徹該資料被使用於的目的，並承諾實施有效措施，以確保政策獲落實執行；及
6. 從所有系統徹底銷毀亞洲萬里通會員計劃收集，屬不必要的香港身份證號碼。

分析

- **網絡攻擊風險日增，機構該如何應對？**

面對網絡攻擊的風險，《私隱條例》要求機構採取「所有切實可行的步驟」，確保個人資料的安全，以預防可能出現的資料外洩事故。從上述的調查結果可見，國泰沒有做好防禦措施，減低網絡安全威脅，在數據管治上明顯掉以輕心，未能達到乘客和監管機構的期望，最終導致這場私隱外洩「災難」。

除了適當的防禦措施，發現資料外洩事故後採取及時和適當的跟進，亦同樣重要。上述的資料外洩事故固然對國泰帶來嚴重打擊，令其蒙受財務及聲譽損失，但更無辜的，應該是把資料交付予他們的乘客。乘客對國泰如何保障自己的資料可說是完全被動，資料已

落入何人手中及會被如何使用等，他們一律無從得知。儘管《私隱條例》現時沒有就資料外洩事故的通報作出規管，惟國泰在發現事件後的七個月才公布事件，做法實在不理想。國泰理應在發現可疑活動時立即通知受影響乘客，並建議他們即時採取適當的步驟，減少可能出現的損失。

後記

由於事件亦影響香港以外的乘客，事件觸發全球其他私隱監管機構的調查行動，當中英國資訊委員會辦公室指出國泰在資料保安方面存在多項缺失，並就違規事項向國泰罰款英鎊 500,000 元（約港幣 5,000,000 元）。

在數據驅動的經濟發展進程中，資料保障成為全球性的議題。私隱專員一直鼓勵香港企業採取積極主動的策略，將資料管理納入企業的價值、道德和責任，因應法律要求採取風險為本的措施，設立、執行和核實良好的個人資料私隱管理系統，以符合全球的監管要求，並確保尊重和保障個人資料私隱這項基本人權。

個案四：未獲授權網上查取環聯的信貸報告 [7]

要知道自己的財務狀況，除了看看自己的銀包、打開銀行存摺、上網查閱月結單外，你亦可查看自己的信貸報告。信貸報告載有不少敏感資料，除個人的聯絡資料，更包括信貸帳戶資料、信貸申請資料及信貸評分。可想而知，若然信貸報告被心懷不軌的人竊取，對當事人的影響實在不堪設想。

---

7   私隱專員的調查報告編號 R19-17497。

環聯資訊有限公司（「環聯」）作為香港的消費者信貸資料機構，管有龐大的個人信貸紀錄，一旦其信貸資料庫發生資料外洩事故，受影響人數可達數百萬計。試想像有一天，黑客比你本人更了解你的財務狀況，情況會有多可怕。

環聯於 2018 年發生的一次資料外洩事故，正正揭示了環聯系統的保安漏洞。

事件經過

2018 年 11 月，私隱專員接獲環聯通知，就本地報章懷疑未經授權，通過環聯網上認證程序取得數名知名人士的信貸報告而作出資料外洩事故通報。

事件發生時，個人可透過環聯網站及其五個夥伴的網站／流動應用程式申請及查取信貸報告。環聯設定及核准於網上申請及查取信貸報告的認證程序，並將同一程序和標準應用於其網站和五個夥伴的網站／流動應用程式。

在環聯與五個夥伴的聯合運作中，環聯使用其持有的個人資料認證申請人的身分，並在申請人選用的網站／流動應用程式中顯示其信貸資料。環聯亦會轉移個人資料予其中三個夥伴。

即使環聯採取了上述的認證程序，惟環聯的內部調查揭示，本地報章曾利用三名知名人士的身分，六次嘗試透過環聯或其夥伴的網站，查取該三名人士的信貸報告。鑑於事件的嚴重性及對公眾的影響，私隱專員隨即對環聯展開循規審查及調查，以確定環聯在資料的使用及保安方面有否違反《私隱條例》的規定。

私隱專員的調查結果

- **資料使用——資料顯示及轉移資料予夥伴：並無違規**

環聯透過與夥伴的聯合運作，提供渠道讓申請人透過夥伴的網站／流動應用程式查取信貸資料。在過程中，環聯以申請人的個人資料作身分認證，及在申請人所選擇的網站／流動應用程式上顯示其個人資料。私隱專員認為環聯使用個人資料作身分認證及向有關申請人顯示信貸資料，使用目的與收集資料的目的一致。

你可能會認為，環聯將個人資料轉移予部分夥伴，必然屬違反《私隱條例》的規定。的確，轉移個人資料予部分夥伴的目的，並非與環聯收集相關資料的原本目的或直接相關的目的有關。然而，私隱專員審視了這些免費申請信貸報告平台的每個步驟，認為環聯已透過有關網站／流動應用程式取得當事人對轉移個人資料的訂明同意，且有關的同意條款清晰涵蓋上述的轉移，因此不構成違反保障資料第 3(1) 原則。

- **資料保安——網上認證程序存在漏洞：違規**

是次資料外洩事故的關鍵，在於環聯有否採取保障資料第 4(1) 原則所要求的所有合理地切實可行的步驟，認證網上申請信貸報告人士的身分，以確保由其持有的個人資料受保障而不受未獲准許的或意外的查閱或使用。根據調查所得及環聯所承認的相關事實，私隱專員基於以下情況，認為環聯違反了保障資料第 4(1) 原則：

1. 個人所輸入的全名和出生日期，無須與環聯資料庫的紀錄完全吻合；
2. 「基於知識的認證」方面採用了（i）與個人年齡範圍及生肖這些與環聯交易無關的問題，及（ii）過時且易被剔除的答案；

3. 其他網站／流動應用程式的查取途徑，沒有因申請人未能通過某一網站／流動應用程式的認證程序而被封鎖；及

4. 非所有申請均使用雙重認證。

《私隱條例》是原則為本及科技中立的法例，沒有一張檢查清單列明對網上認證程序的特定要求。私隱專員認為認證程序的嚴謹程度，應與資料外洩對機構及個人造成的風險相稱。

毫無疑問，申請信貸報告的當事人理應不會弄錯自己的姓名及出生日期，若然有人在輸入與環聯資料庫不符的姓名或出生日期後，仍可繼續進行網上認證程序，而部分認證問題又與信貸資料無關及未有適時更新，相信很難令人信服環聯的認證程序是嚴謹及有效的。事實上，考慮到環聯所持有的資料的敏感性，以及資料一旦外洩對當事人造成的私隱風險，有關設計更可說是相當粗疏。基於調查結果，私隱專員向環聯送達執行通知，指令環聯停止在網上發放信貸報告，直至他們提升網上認證程序的保安要求。

分析

· 金融科技是大勢所趨，但真是百利無一害？

金融科技的廣泛應用，電腦運算能力的提升、互聯網無遠弗屆的連接性、智能電話技術的進步，加上人們對便捷、低成本及個人化金融服務的需求強勁，令金融科技蓬勃發展。以環聯的個案為例，市民透過網上平台或流動應用程式，安坐家中已可方便快捷地查取自己的信貸報告，又何需長途跋涉到環聯辦事處申請信貸報告呢？但凡事有利必有弊，電子支付及開放應用程式介面，涉及以電子方式在不同機構與用戶之間傳輸個人資料，這些「便捷的服務」同時亦增加資料外洩，或資料在傳輸過程中遭截取的風險。在現今數碼年代，資料的高昂價值為挪用資料提供誘因，資料庫內的個人資料及金融資訊隨時成為黑客的攻擊目標，而個人資料一旦外洩，當事

人可能遭人冒用身分，並蒙受詐騙、騷擾、或其他違法行為所帶來的損失。

因此，機構在運用金融科技處理個人資料時，應確保採取行政及技術措施，為其傳輸及儲存的個人資料提供足夠保障。以網上認證程序為例，機構應該定期檢視及更新程序，打造保護個人資料的銅牆鐵壁。此外，我們在使用網上平台或流動應用程式時亦應「停一停，諗一諗」，只應在安全的環境下進行操作，千萬不要在公眾地方使用公共電腦或 Wi-Fi 登入索取信貸報告，否則後果可能不堪設想！

個案五：日經中國（香港）有限公司的電郵系統遭黑客入侵[8]

在現今的商業運作中，機構員工經常使用互聯網收發電郵作業務溝通，其中一些電郵更可能載有個人資料。而由於許多機構採用混合工作模式，結合在家工作與在辦公室工作，為方便員工在辦公室以外的地點查閱電郵，機構的電郵系統或會包括允許遠端存取的網頁郵件服務。因應遠端存取網絡的潛在資訊保安風險，機構應制訂適當的系統安全政策、措施和程序，防止電郵系統受到網絡攻擊，避免載有客戶個人資料的電郵外洩。以下的資料外洩事故，正好反映採取適當電郵系統保安措施的重要。

事件經過

2021 年 3 月 1 日，日經中國（香港）有限公司（「日經」）的一名員工接獲電郵傳遞錯誤通知，指未能成功發送一封電郵至一個

---

8   私隱專員的調查報告編號 R22–7840。

不明的電郵地址。日經對有關情況生疑，在檢查後發現大量日經收到的電郵，曾被自動轉發至不明的電郵帳戶，日經遂委託網絡安全顧問公司進行調查。

顧問公司的調查顯示，一個未經授權的外部帳戶擁有六個日經電郵帳戶的控制權限，受影響的電郵帳戶分別屬於一名當時已退休的員工及五名現職員工。調查亦發現，該外部帳戶在 2020 年 10 月至 2021 年 2 月期間，把上述員工帳戶收到的電郵，自動轉發至兩個不明的電郵地址，涉及的電郵由超過 1,600 名日經客戶發出，被外洩的個人資料包括客戶的姓名、電郵地址、公司名稱、電話號碼及信用卡資料。

日經就事件向私隱專員公署作出資料外洩事故通報，私隱專員公署隨即對日經展開循規審查，以取得更多有關該事件的資料。

私隱專員的調查結果

私隱專員發現，事件源於黑客獲得一個日經員工電郵帳戶的預設密碼，繼而為該帳戶和另外五個使用相同密碼的電郵帳戶啟動轉發功能，將所有在這些電郵帳戶收到的電郵，自動轉發至兩個不明的電郵地址，令載有日經客戶個人資料的電郵遭到未獲授權的查閱。

針對事件的成因，私隱專員審視了日經就其電郵系統採取的保安政策和措施。根據調查所獲得的證據，私隱專員發現日經的電郵系統在保安方面明顯地存在四項不足：

1. 薄弱的密碼管理；
2. 保留已過時的電郵帳戶；
3. 電郵系統欠缺針對遠端存取的保安措施；及
4. 欠缺針對資訊系統的保安措施。

事件揭示了日經沒有採取適當的保安政策、程序及措施，防範電郵系統遭到網絡攻擊，導致系統被黑客入侵，令客戶的個人資料遭未經授權的查閱、處理或使用。基於上述發現，私隱專員認為日經未有採取所有切實可行的步驟保障其持有的客戶個人資料不受未獲准許的或意外的查閱、處理、刪除或使用所影響，因而違反了保障資料第 4(1) 原則。

私隱專員向日經送達執行通知，指令日經修訂資訊保安政策，加入密碼管理政策及定期刪除不再使用的電郵帳戶機制、訂立監察電郵帳戶使用情況的審核系統、聘請資料保安專家定期檢視及審核資訊系統進行，以及為員工提供資訊保安培訓及設立監察機制，以糾正及防止有關違反再發生。

分析

‧ 甚麼才算足夠的資料保安措施？

資料使用者為符合保障資料第 4(1) 原則而須採取的資料保安步驟，在每一個案中都不盡相同。在衡量何謂足夠的資訊保安措施時，私隱專員需要考慮多項因素，包括資料的數量、類別和敏感性；資料外洩可能導致的損害及傷害；企業管治和機構所採取的措施；以及業界一般預期應採用的技術政策、運營、控制和其他保安措施的合理質量和標準。以日經的個案為例，日經作為資料使用者，應評估其員工收集、持有、處理及使用在電郵系統內的客戶個人資料的相關風險，並按照保障資料第 4(1) 原則，採取所有切實可行的保安措施以保障其持有的個人資料。

‧ 機構一旦全面加強了網絡保安，往後便可一勞永逸？

所謂「道高一尺，魔高一丈」，資訊科技發展一日千里，在網絡世界中，剛推出的嶄新保安屏障及資料防盜程式，在下一分鐘可

能已經被技術高明的黑客破解，即使是最新技術的保安方案，亦不可能提供永久保障。面對日新月異的黑客技術，機構應採取網絡保安的良好行事方式，例如建立保安管理的程序，並要求網絡／資訊保安管理員、支援職員及用戶接受培訓，以確保他們遵從保安最佳作業守則和保安政策。總括而言，機構必須時刻警惕，定期檢視及提升網絡保安，持續監測及修復安全漏洞，這樣才能在資料保衛戰中穩操勝券。

個案六：手機程式「起你底」與公共領域的個人資料 [9]

要了解一個陌生人的背景，傳統的方法是向認識他的人打聽，甚至聘用私家偵探跟蹤調查。現時坊間有不少免費的搜尋器可供查閱某人在網上的資料。不過，這些資料可能比較零碎。若知道某人的住所地址，可進一步透過土地登記冊查看他本人是否業主；如登記業主是一間公司，則可進一步查看公司登記冊以了解目標人物是否該公司的董事或股東等。由此可見，要在當事人不知情下「收集」關於他的資料確實需花費大量時間和人力，也可能涉及不少費用。你或許會期望有一個單一來源包含所有資料，只須輸入名字便可得到目標人物的所有資訊。

名為「起你底」的智能手機程式（英文名稱"Do No Evil"，下稱「起你底」）就是類似一個超級資料庫的例子。「起你底」的用戶在讚歎這個平台十分方便的同時，有沒有想過自己的資料也可能包含當中，可被隨意「起底」？私隱專員於 2013 年發表針對「起你底」的調查報告，討論相關的私隱問題，並指出「起你底」濫用了取自公共領域的個人資料，嚴重侵犯資料當事人的私隱。

9　私隱專員的調查報告編號 R13-9744。

事件經過

「起你底」智能手機應用程式於 2012 年推出，聲稱載有 200 萬宗民事、刑事訴訟及破產案件的紀錄可供手機用戶搜尋。負責人強調，「起你底」是一個操作簡易、可靠又便宜的渠道讓大眾查閱公開的資料。事實上，用戶只需簡單地輸入目標人物的中文或英文姓名，便可一次過盡覽目標人物於不同資料來源的有關資料（包括姓名和部分身份證號碼、地址、涉及的民事案件性質及案件編號、涉及的刑事案件的控罪、公司董事資料等）。

你可能會問，究竟「起你底」如何得到這麼大量的個人資料？原來「起你底」的負責人員從司法機構、破產管理署、憲報及公司註冊處等不同的公開途徑，以漁翁撒網而非針對特定人物的方式大量收集訴訟及破產人士的個人資料。其後「起你底」會將收集得來的資料拼合及整理，再用姓名作為索引，使同屬一人的所有資料串連起來成為一份較完整的紀錄。「起你底」的宣傳推廣亦以方便市民進行盡職審查及背景審查作招徠，程式在短短一年內便吸引了逾四萬人次下載，索閱資料次數更超過 20 萬。

私隱專員公署在「起你底」開始運作不足一年內，已接獲 12 名市民投訴被「起你底」侵犯其個人資料私隱，另外約 60 人曾向公署查詢及表示關注。有市民表示擔心有人可能憑這些資料對他們作出不利的推論和決定，甚至影響就業。隨後，私隱專員公署對「起你底」展開正式調查。

私隱專員的調查結果

私隱專員認為「起你底」程式向用戶披露投訴人的訴訟、破產，以至公司董事資料的行為，引伸多項私隱風險。

首先，「起你底」供用戶查閱的刑事、民事訴訟及破產案件紀錄，當中涉及破產人士、訴訟當事人及董事的姓名、地址及部分身

份證號碼、被起訴的罪行、法庭判令等非常敏感的個人資料。這些資料若被不當披露及使用會對當事人帶來負面影響。

此外，公眾人士本應不能從單一途徑查閱某人在不同資料來源的紀錄，但「起你底」的姓名索引讓用戶輸入目標人物的姓名後，便可對不同來源的紀錄一目了然。這些零碎的個人資料被整合之後，對個人的私隱侵犯性更高；而整合的資料被他人使用時，可能對資料當事人帶來意想不到的傷害。

「起你底」讓用戶隨時查閱他人所涉的訴訟和破產資料，但又沒有通知資料當事人。這些敏感資料在未經當事人同意及在不知情的情況下被「起底」，對當事人有欠公平。

司法機構、破產管理署及公司註冊處等就如何使用已公開的資料訂下規範，在某程度上限制了公眾人士查閱資料的目的，從而保障資料不被濫用。然而，「起你底」僅在其「條款及細則」內概括列明用戶使用資料時「不可違反本地、國家或國際法律」，但事實上「起你底」的營運者並沒有任何方法去監察及控制用戶如何使用所得資料。「起你底」也沒有採取措施限制用戶大量下載或複製資料庫的資料，資料被查閱後有可能被濫用。

此外，私隱專員認為「起你底」程式提供的資料不準確、失效及不全面。即使目標人物曾經牽涉訴訟，但最終獲判無罪或索償不成立，「起你底」資料庫的資料未必有相應的更新和澄清，用戶無從得知全面的事實。另外，以輸入姓名的方法而得的搜尋結果，容易引起誤會，可能出現「馮京作馬涼」的情況，令用戶誤以為目標人物有官非或破產紀錄。雖然「起你底」設有「申冤檔案」服務，讓當事人更正資料庫內不正確的個人資料，但私隱專員認為將驗明正身的責任加諸於資料當事人身上並不公平。

最後，「起你底」資料庫的紀錄不設保存期限和刪除失效資料的安排，其標籤化作用有礙當事人更生。根據《罪犯自新條例》[10] 第2 條，如犯事者被判處的刑罰不超過監禁三個月或罰款港幣 10,000 元，而經過三年時間沒有在香港再被定罪，等同「改過自新」，須被視為不曾就該項罪行被定罪。另外，在某人宣布破產後八年，銀行及財務機構基本上無法從信貸資料機構得知有關的破產紀錄。這些本應已被「遺忘」的資料卻因為「起你底」的運作而被永久保存下來。

私隱專員評估了上述私隱風險後，便向有關機構查詢其公開資料的目的，以及考慮了資料當事人對其資料公開後如何被使用的合理期望。所謂合理期望，是指一個人身處資料當事人的處境時，依常理考慮各項因素後，會否認為其個人資料被再次使用是他沒有預期的、不恰當或令他反感的。私隱專員認為「起你底」將取自公共領域的個人資料供用戶作盡職審查和背景審查之用，明顯偏離了司法機構、破產管理署和公司註冊處最初收集及公開個人資料的目的（見表 8.1），也不符資料當事人的合理期望。「起你底」在沒有得到有關資料當事人的同意下改變資料的用途，違反了保障資料第 3 原則的規定。公署向「起你底」的營運者發出執行通知，指令它停止向任何人披露所持有的訴訟及破產資料。

分析

· 既然已是公開資料，為何不可隨意使用？

很多人誤以為，個人資料如果是從公共領域而不是從資料當事人直接收集得來的話，便可毫無限制地使用。事實上，取自公共領

---

10 香港法例第 297 章。

域的個人資料仍然受《私隱條例》的規管，並沒有獲得豁免。試想想，若我們對不當地使用或濫用取自公共領域的個人資料坐視不理的話，後果可能會很嚴重：立心濫用他人個人資料的人，可刻意發布資料，令資料成為公共領域的資料，藉以繞過法例規管；機構在網上意外洩漏的個人資料，也可被視為公共領域的資料，從而被「合法地」使用。更甚者，有人可將存在於公共領域的資料整合、重組和配對，從而針對目標人物建立個人資料檔案（profiling），構成新的資料使用目的。這些行為都有可能嚴重侵犯市民的資料私隱。使用公共領域的個人資料固然有其經濟及社會效益，但必須與保障資料私隱取得平衡。

表 8.1：「起你底」所持資料的最初公開的目的

原來的資料使用者	文件類別	公開資料的目的（明文或隱含）
司法機構	審訊案件表	通知訴訟當事人及公眾人士應訊及聽審時間和地點。案件表於審訊結束一天後銷毀。
	判決書	公開裁決／判刑理由。
	訟案登記冊及傳訊令狀	讓公眾知悉案件聆訊詳情，但並非讓公眾查閱訴訟當事人的資料。
	以上全部	為貫徹司法公開的原則。
破產管理署	在憲報刊登的破產通知	讓公眾得悉有關人士已破產或解除破產日期，在破產期間如要向該人士償還債項，須將款項交予受託人。資料只限用作處理該破產案的事宜。
公司註冊處	公司周年申報表	讓查冊人士能確定是否正就該公司的任何作為的事宜，與該公司或其董事或其他高級人員往來。

個案七：新「起底」罪行的首次判刑 [11]

2022 年 10 月，沙田裁判法院在 27 歲男被告認罪下裁定他七項「未獲資料當事人同意下披露其個人資料」罪罪名成立，違反《私隱條例》第 64(3A) 條。法庭經考慮相關報告後，於同年 12 月判處被告監禁八個月，是「起底」罪行自 2021 年 10 月生效以來首宗判刑的個案。

個案背景

被告與事主曾短暫交往，但不久後分手。其後，被告於 2021 年 10 月 19 至 26 日期間，在沒有得到事主的同意下，先後於四個不同社交媒體平台上披露事主的個人資料，包括姓名、相片、住址、私人及辦公室電話號碼、公司名稱及職位。被告亦在當中三個平台冒認事主開設帳戶。相關訊息指事主歡迎其他人到她的住址找她。不少陌生人之後聯絡事主，意圖交友。

私隱專員公署於 2022 年 6 月拘捕被告。根據律政司的法律意見，公署於 2022 年 8 月就被告的「起底」罪行落案起訴被告共七項罪行。被告於 2022 年 10 月 6 日在沙田裁判法院承認所有控罪，被法庭裁定罪名成立，即他於 2021 年 10 月 19 日至 26 日期間，在沒有得到事主的同意下，在四個社交媒體平台上披露了她的個人資料，意圖對她或她的家人造成指明傷害，或罔顧是否會（或相當可能會）對她或她的家人造成指明傷害，違反了《私隱條例》第 64(3A) 條「在未獲同意下披露個人資料」的規定。

11　沙田裁判法院刑事案件 2022 年第 1989 號。

法庭的裁決

裁判官引述創傷報告內容指事主因本案受到嚴重心理困擾，至今提及事件仍然心有餘悸，對其家人、朋友及同事遭受滋擾而深感內疚，更切斷與所有朋友的聯繫。事主亦須轉換工作及刪除所有以往使用的社交媒體。

裁判官判刑時指出，被告在不同日子於不同社交媒體平台為傷害事主及其家人而「一而再，再而三」犯案，對事主造成不可估量的傷害，案情嚴重，法庭須作出具有懲治、阻嚇及譴責訊息的刑罰，判社服令或緩刑並不合適。裁判官最後考慮整體量刑原則下，以 12 個月監禁為量刑起點，在被告認罪扣減後判囚 8 個月。

分析

現時人人「一機在手」，社交媒體是日常生活中不可或缺的一部分，怎樣可以使用社交媒體而避免被人「起底」呢？

所謂覆水難收，在網上世界交友與親友當面聊天大有不同；個人資料一旦在網上公開，他人便可複製或永久保存，無法完全刪除。所以要防止被「起底」，私隱專員公署建議大家在使用社交媒體時，要考慮如何保障個人資料私隱，避免在網上公開太多個人資料，以免留下過多的數碼足跡，例如避免隨便在個人帳戶裏披露自己或家人的敏感資料（例如地址、電話、出生日期等），因為在個人帳戶披露越多資料，這些資料洩露予陌生人或被用於「起底」的風險便會越高；而別人可在你不知情下，從各種途徑（包括其他社交媒體平台）匯集關於你的個人資料。即使在不同的社交媒體留下零碎的個人資料，若結集起來，都可能足夠把你「起底」。社交媒體不是完全虛擬的，如果你留下太多與自己或朋友相關的資料（例如行蹤），別人是不難在現實生活中追蹤或辨認你，甚至利用結集起來的資料，以不同手法令你或家人受騙，招致金錢損失甚或精神困擾。

個案八：香港寬頻違反直接促銷規定被判罰款 [12]

有關直接促銷的條文 [13] 於 2013 年 4 月生效以來，私隱專員已轉介多宗懷疑違規個案予執法部門跟進，當中有不少成功檢控的例子。在本個案中，香港寬頻對於其員工的行為是否構成使用個人資料作直接促銷用途提出爭議。

個案背景

陳先生在 2011 年 12 月開始使用香港寬頻的服務，合約期為 24 個月。他於 2013 年 4 月以電郵方式，要求香港寬頻停止使用他的個人資料作直接促銷用途。同年 5 月 17 日，香港寬頻的一名電話推廣職員致電陳先生的手提電話，陳先生未有接聽，該職員留下以下語音訊息：

「Hello，陳生你好，香港寬頻呢邊打嚟，我姓王㗎，咁陳生喇……府上有用緊我哋公司嘅上網服務，contract 期方面即將完結㗎喇，咁由於係收到公司通知，嚟緊 6 月份開始個續約價錢會調整㗎，到時會貴啲，咁我哋都唔希望貴咗之後畀唔返平價陳生你喇，就通知返，咁所以呢就係想阿陳生你如果 1000M 服務用得滿意嘅話，今個月有番個內部優惠畀返陳生，確保唔會受到任何加價影響嘅。麻煩如果陳生你收到口訊，覆個電話比我吖，電話……，我姓王㗎，唔該你，拜拜。」

陳先生於是向私隱專員作出投訴，指香港寬頻在他已表示拒絕接收直接促銷的資訊後，仍然致電給他作直接促銷。私隱專員經初步調查後將案件轉介執法部門作進一步跟進。

---

12 香港特別行政區 訴 香港寬頻網絡有限公司 [2018] 2 HKLRD 1028（裁判法院上訴案件 2015 年第 624 號）。

13 《私隱條例》第 6A 部。

法庭的裁決

香港寬頻被控違反《私隱條例》第 35G 條，即資料當事人要求資料使用者停止將其個人資料用於直接促銷，而資料使用者違反有關要求。香港寬頻於荃灣裁判法院應訊，不承認控罪。經審訊後，裁判官裁定香港寬頻罪名成立，判處罰款港幣 30,000 元 [14]。香港寬頻不服定罪，提出上訴。

在上訴聆訊中，法官裁定控方只須證明《私隱條例》第 35G 條的所有罪行元素，即以下三方面：

1. 陳先生曾要求香港寬頻停止在直接促銷中使用他的個人資料；
2. 香港寬頻收到上述要求；及
3. 香港寬頻沒有依從這要求。

請留意罪行元素中不包括犯罪意圖，即有意圖為直接促銷目的而使用個人資料。法官指出要決定行為是否構成直接促銷，只須看所言所行，無須顧及背後的目的。

究竟香港寬頻員工的行為是否構成直接促銷呢？法官認為雖然該職員以提示合約期將屆滿為開場白，但細看留言的整體內容，則肯定她是在要約提供服務（offering of services），即提供一個優惠價讓陳先生繼續享用相同服務。法官指出提醒客戶合約期滿是良好的服務，但該職員所表達的已超越了提醒的界限，構成了直接促銷。

---

14 荃灣裁判法院傳票 2015 年第 6311 號。

既然法庭裁定有關行為構成直接促銷，餘下的議題是香港寬頻可否成功倚賴法定免責辯護，關鍵則在於香港寬頻是否已採取所有合理措施，以及已作出一切應作的努力以避免不依從陳先生的要求。

香港寬頻表示，就如何依從客戶提出拒收直接促銷資訊的要求，已向員工提供訓練及相關守則（但具體細節不詳），但事發時該職員沒有完全依照指引講稿，擅自加插了「嚟緊 6 月份開始個續約價錢會調整㗎」及「今個月有番個內部優惠畀返陳生」等資訊。法官注意到指引講稿也包括主動地提出可為續約計劃作出介紹，這已構成直接促銷，故該職員是否偏離講稿在本個案並非關鍵。在這情況下，香港寬頻未能成功依賴法定免責辯護。

基於以上各點，法庭裁定有關定罪是穩妥的，故駁回香港寬頻的上訴。

分析

‧ 銷售部門有眾多員工，機構怎能確保個別員工不違規呢？

機構如收到客戶要求停止使用其個人資料作直接促銷用途，便有責任採取所有合理的措施，以及作出一切應作的努力去避免不依從有關要求，但這責任並非絕對的。《私隱條例》下的法定免責辯護並非要求機構採取一切不合比例的措施去保證員工不會犯法，例如實時監聽及控制員工與客戶的每一通電話，這從商業角度來看無疑是不切實際的。

何謂合理的措施和應作的努力？本上訴個案的判案書中提及，以書面方式提醒客戶約滿後會被徵收較高的費用是其中一個能符合法定免責辯護要求的做法，畢竟機構可預先審閱書面通知的內容，確保用字明確並符合《私隱條例》的規定。此外，機構應就使用客戶個人資料作直接促銷用途制訂清晰的政策及詳細的指引供員工遵從，當中包括編制及更新拒絕服務名單的機制等。須注意的是，空

有政策及指引並不足夠，機構還須向新入職員工提供培訓，講解有關指引的運作，以及不時讓現職員工溫故知新。機構亦應設立有效的監管制度，例如委聘合適的監督人員、進行不定期視察，以及訂立違規的罰則以確保員工遵從指引。最後，機構不可忘記記錄制訂各項措施的考慮因素及施行詳情，以便日後若不幸被檢控時可作為辯護證據。

機構採取合理的措施及作出應作的努力後，假如仍有個別員工刻意漠視機構所訂下的規則或指引行事，並繞過監管制度，則非機構可合理控制。

· **如果客戶對你公司的服務不感興趣，可以將其個人資料轉交任職另一服務供應商的朋友跟進嗎？**

在沒有事先採取《私隱條例》所指明的行動及沒有得到客戶的同意[15]下，當然不可以將客戶的個人資料轉交第三者作直接促銷用途，即使該第三者是你認識的人，甚至是家人。曾有人將朋友甲的名字和手提電話號碼交給從事財務策劃的朋友乙，其後乙向甲推銷保險理財計劃。結果最初介紹生意機會給乙的人被控提供個人資料予第三者作直接促銷用途，但事前未有採取指明行動通知當事人及取得其同意[16]，最後被判罪成及罰款。

另一個案的主人翁是一對在不同保險公司工作的夫婦。丈夫發信給一名曾於其妻子任職的保險公司購買保單的客戶，向其推銷保險理財計劃。其後丈夫被控：（1）在使用他人的個人資料作直接促銷前，未有採取指明行動通知資料當事人及取得其同意[17]；以及（2）

---

15 詳情可參閱本書附錄二「疑難解碼」的「直接促銷」篇。

16 違反《私隱條例》第 35J 條。

17 違反《私隱條例》第 35C 條。

在首次使用他人的個人資料作直接促銷時，未有告知該人他是有權要求在不收費的情況下，停止使用他的個人資料[18]。最後，丈夫承認兩項控罪並被判罰社會服務令。在這個案中，若有足夠證據顯示妻子曾將其舊客戶的資料交予丈夫作直接促銷的話，妻子也同樣違反《私隱條例》的規定。

上述個案說明無論出發點是為了向客戶提供更多選擇，還是為任職銷售工作的朋友或家人作聯繫，也應尊重當事人的意願，以免誤墮法網。較穩妥的做法是向當事人介紹從事相關業務的朋友，如當事人有興趣的話，可請他直接聯絡該友人，或可因應當事人的意願相約雙方會面傾談。

18　違反《私隱條例》第 35F 條。

第 9 章

私隱保障趨勢

你有沒有在社交平台上瀏覽帖文時看見一些產品圖片，推銷跟你曾經在其他網站購買或瀏覽的同類商品？你會否好奇社交平台是如何做到嗎？抑或你非常滿意由此帶來的購物便利？

　　你又有沒有曾經在瀏覽一些網站或使用流動應用程式時，向它們的「聊天機械人」（chatbots）查詢？你是否覺得能從聊天機械人身上快速得到答案很方便？抑或你覺得聊天機械人無法完全地明白和解答你的問題？

　　隨着近年科技進步，結合了先進的人工智能科技（artificial intelligence）的「聊天機械人」已不同往日，它因為已能夠與人類對答自如而風靡全球（例如 ChatGPT）。此外，現時由科技巨企和社交平台主導的互聯網，亦可能逐步發展成打破虛擬和現實世界之間的元宇宙（metaverse）。科技在大數據時代（big data）[1]的發展一日千里，與我們的生活已經密不可分。但在享用這些新穎的科技產品和服務時，你又有否考慮過背後所涉及的私隱問題？

科技革命浪潮

1. 大數據

　　科技發展可謂一浪接一浪。在這大數據的年代，區塊鏈（blockchain）、人工智能、物聯網（Internet of Things）等技術的應用，已經密切影響着全世界經濟及人類的生活。

1　大數據（big data」指「大量（volume）、高速（velocity）、及／或多樣性（variety）的資訊資產，它需要新型的處理方式去促成更強的決策能力、洞察力與最佳化處理」（這是史丹福大學電腦系榮譽退休教授高德納〔Donald Ervin Knuth〕於 2012 年所作出的定義）。另外，近年「真實性」（veracity）也成為了除上述 3「V」之外大數據的第四個特點。

目前大數據已被廣泛應用在科學、感測裝置、無線射頻識別系統（RFID）、天文預測、交通流量運輸分析、基因組學、互聯網檔案處理、互聯網搜尋引擎索引、醫療紀錄、電子商務、金融投資等[2]領域。你在驚歎科技發展所帶來的方便時，有沒有想過這些技術的應用可能涉及收集及使用你的個人資料？你又有沒有想過運用這些科技所分析得到的結果除了可以預測到某種趨勢之外，更可能會監察你的活動模式，把你的行為標籤化？

現時透過收集及分析某人與互聯網及社交媒體的關係，或多或少可以了解他的行為和喜好。你可能也曾在社交平台上看到與你曾經瀏覽、搜索、購買、「點讚」過的商品有關的廣告。當用戶每天花數小時瀏覽社交媒體及其他網站時，社交媒體及一些第三方平台可能會透過網絡 cookies[3] 等工具自動記錄下用戶的瀏覽習慣和關注的話題，從而向他們推送個人化的帖文及廣告。

或許你會認為，社交平台自動推送個人化廣告無傷大雅，但事實上，平台和網站透過收集用戶的數據從而向用戶推送一些宣傳內容，可能足以影響政治局勢。在 2018 年，英國數據公司劍橋分析（Cambridge Analytica）被揭露透過在 Facebook 推出一款免費心理測驗應用程式，在未經用戶同意下收集超過八千萬名 Facebook 用戶及他們好友的個人資料，用作進行政治取向分析及推送政治宣傳廣告。當時該公司被猛烈抨擊，指他們影響了 2016 年美國總統大選，以及英國脫歐投票等重大政治事件的民意，Facebook 也因而陷入個人資料外洩的爭議。

2　透過運算（algorithms）對數據進行統計、比對、關聯、分析而得出人類所能解讀的結果。

3　網絡 cookies 泛指在用戶瀏覽網站時自動被放置在用戶設備上的小文件，用於記錄用戶在該網站及其他網站的行為（如登入帳號、瀏覽時長等）。一般 cookies 會被存在瀏覽器裏。

大數據的收集也從線上的網絡世界走到線下的現實世界。「物聯網」成為近年全球熱門話題,它為用家帶來嶄新的生活體驗,也為企業帶來不少商機。今天的消費者已逐漸接納各種各樣的連線裝置及智能科技,如智能電子讀數錶、自動調溫器、穿戴裝置如智能健身腕帶、內附語音助理的智能喇叭、智能家居電器如雪櫃和電視等。這些裝置或會收集、儲存及使用可識辨個別人士身分的資料,同時也衍生出大量不同類別的個人資料。很多物聯網裝置也增設各項新功能,如追蹤用家的體格及健康狀況等。換言之,不同的應用裝置或流動應用程式可在消費者不知情或未給予同意的情況下,收集、儲存、使用及分享其個人資料。

2. 元宇宙

近年,全球多個科技巨企均表明會重點發展及投資「元宇宙」的項目。他們認為「元宇宙」的應用潛能無限,或會成為下一個互聯網,當中使用到的沉浸式技術(immersive technology)如擴增實境(augmented reality)、虛擬實境(virtual reality),以及將虛擬實境與物聯網(如感測器)結合所產生的混合實境(mixed reality),可實現遙距工作、遙距醫療、遙距參加演唱會等,讓大家可在虛擬世界中如在現實生活般交流。但與此同時,「元宇宙」的運作需要用家配戴大量裝置,並收集用家的大量數據,例如表情、身體動作、語音、生物識辨特徵、周遭環境、生活習慣等,令私隱風險大大提高。

3. 聊天機械人

結合生成式人工智能(generative AI)開發的「聊天機械人」亦引起全球極大關注。這些「聊天機械人」本着能提供比一般搜尋引擎更為集中的答案,以及能夠快速生成各種一般需要由人類創作的內容(例如撰寫文章、編製歌曲、編寫代碼等),在一推出時就

已經吸引大量用家使用。「聊天機械人」在回答時模仿人類的能力往往打破了我們的想像。然而，「聊天機械人」背後所依賴的技術，其實是輸入了大量存在於互聯網上、由人類所書寫的文字作為訓練數據，以機器學習（machine learning）技術作分析及訓練人工智能模型，當中可能包括收集和使用各種個人資料，甚至包括較為敏感的個人資料，如有關個人健康和財務狀況的紀錄等。即使那些資料和數據在互聯網上已公開，相信大部分的互聯網用家也不會預計自己發布的內容被用來開發「聊天機械人」吧！再者，用家與「聊天機械人」對話時的問題與回答，其實有機會成為了改良「聊天機械人」背後的人工智能模型的數據；如果當中包含了個人資料或其他敏感數據，即使能被系統察覺而自動匿名化處理，也有可能已成為「聊天機械人」的一部分，永遠無法刪除，對私隱和資料保安等構成的風險不言而喻。

4. 網絡 3.0

「元宇宙」與人工智能所掀起的熱潮亦進一步引起了有關「網絡 3.0」的討論。現時大家使用的互聯網被稱作「網絡 2.0」，科技企業各自獨立操作；雖然企業與企業之間提供的服務在現時的互聯網上有一定的相通性，但針對數據和個人資料的收集及儲存仍然是以中心化的形式由企業獨立進行。這方便了企業利用他們收集的數據及個人資料提升業務效能，也促使了以網絡廣告費作為主要收入來源的科技巨企的誕生。而下一代「網絡 3.0」，主要特徵便是去中心化（decentralisation），利用分布式帳本技術（distributed ledger technology），例如廣為人知的區塊鏈技術，打造一個將網絡的基礎設施分散操作、數據分散儲存，又完全公開透明的網絡。雖然以目前科技水平來說，區塊鏈如設計及構建恰當，一般來說，在區塊鏈上儲存的資料是無法篡改的，因此在記錄的真確性方面，為參與者提供了保證。正因如此，即使區塊鏈儲存的資料已過時或不準確，也不能修改，資料亦很有可能被永久保存。

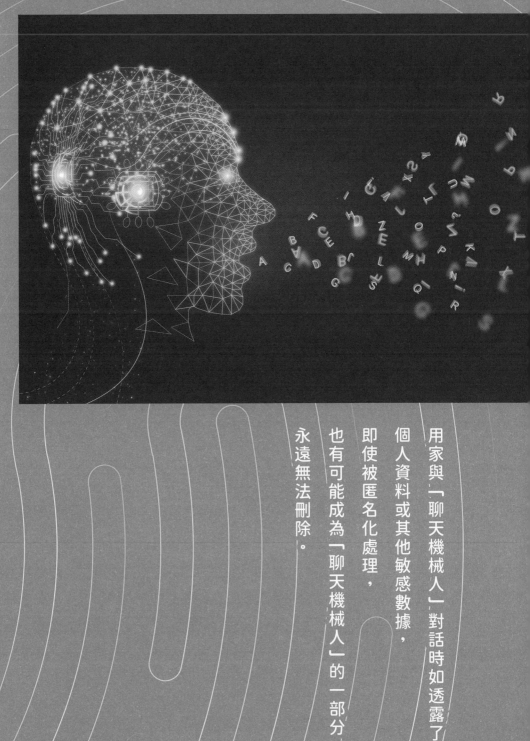

用家與「聊天機械人」對話時如透露了個人資料或其他敏感數據，即使被匿名化處理，也有可能成為「聊天機械人」的一部分，永遠無法刪除。

「網絡 3.0」亦會使用人工智能和機器學習的科技，使電腦能更精準、更自動化地解讀網絡數據，為用家提供個人化體驗。結合「元宇宙」發展，一些開發商堅持「元宇宙」可以建構於「網絡 3.0」之上，加強不同開發商之間的互操作性（interoperability），更快達到只有一個「元宇宙」的未來，徹底擺脫現時由科技巨企稱霸的互聯網。不過，「網絡 3.0」針對私隱最有趣的討論其實亦與去中心化這一特點有關！去中心化的區塊鏈技術令數據不再儲存於網絡營運商和提供服務的企業的伺服器上，個人資料（例如代表個人身分的數碼識辨標籤［digital identifiers］）的使用看來可以完全掌握在你我手中，並且永久儲存於區塊中。然而，一個去中心化的數據儲存和使用方式亦會增加執法的難度和監管。

當然，並非所有大數據的收集與分析和科技的使用都涉及個人資料，但當個人資料牽涉其中，機構在收集、持有、處理及使用個人資料時，便須要遵守《私隱條例》的規定。

對個人資料私隱的衝擊

誠如以色列歷史學家哈拉瑞（Yuval Noah Harari）所言：「擁有數據的人，就擁有未來」。大數據是數碼時代的巨大資源，它的應用可帶來很多好處，例如加強資訊流通、輔助科技發展、創造商業機遇，以及提升公共服務效率。大數據分析與其他技術（如人工智能）的結合，不但可大大減少人類對傳統人手計算或操作的依賴，更可提升效率和生產力，改善生活、學習和工作。例如，香港建築業界推出具備識辨系統的智慧安全帽，能夠自動識辨工人有否配戴安全帽，並當偵測到有潛在危險時，發訊息予安全主任，提醒安全主任適時處理，以減低發生意外的機會。

因此，各行業內提倡數據分享的人也越來越多，甚至全球亦有許多政府開放數據予公眾使用。在互聯網上搜尋實時交通情況、氣象及財經數據，甚至某一地區的疫情及醫療現況，這些資料都可能源自開放數據。

在大數據時代，如何能夠持續地在資訊海洋中獲得最大益處，同時又可以有效地遵從保障個人資料私隱的核心原則，減少對私隱構成的風險及傷害，成為我們最大的挑戰。

1. 數據去個人化

我們首先遇到的挑戰是：如何在芸芸數據群組中分辨哪些是個人資料？另外，把個人的識辨資料從本身含有個人資料的數據中剔除（de-identification）、脫敏（data masking）或匿名化（anonymisation）又是否萬無一失？事實上，科技及運算技術日新月異，越來越多資訊存在於公眾領域，不時有報道指分析員破解上述難題，把看來難以顯露個人身分的數據重組、配對及分析後，找出與該些資料相關的個人身分。有些分析得出的預測可能對某人帶來不良影響，而某人事前卻被蒙在鼓裏，更甚的是某人的資料可能已經不再準確或已經過時。這對資料當事人公平嗎？因此，機構在使用大數據時，較為穩妥的方案是多走一步，倘若從資料當中有可能直接或間接地確定個人的身分（不論是單從資料本身，或是結合其他資料），則機構應循保障個人資料方向去考慮，採取相應的措施。

2. 運算準確度

使用機器學習的人工智能，透過一套可以讓機器自動「學習」及「進化」的運算法，分析大數據並找出有關規律及作出推論或預測，已經可以完全不經人手作出決定，例如向機構推廣它們屬意的

服務、向客戶推送他們可能喜歡的娛樂節目與網購物品、以至審批信貸、入職、入學及服務申請等。此外,人工智能甚至可將毫不相關的資料連繫起來,例如透過分析某人的社交媒體朋友圈而預測他是否理想的員工等。然而,運算背後的邏輯及依據是甚麼?機器如何確定個人資料是準確的?當整個分析程序不經任何人手核實,那麼誰需要就錯誤或不公平的結果負上責任呢?近年在美國有研究發現,臉容識別系統辨認個別種族人士的準確性特別差,尤其是對深色人種女性,原因是訓練數據中屬深色人種人士的數據不足。過去亦曾有深色人種人士被警察的臉容識別系統「點錯相」而被捕。另外,有跨國科技公司發現其人工智能系統在審視應徵者的履歷時,不當地傾向挑選男性應徵者,對女性應徵者造成不公,背後原因是缺乏女性應徵者的數據供系統進行訓練。有關資料準確度的問題在結合人工智能的「聊天機械人」的運用上亦時有所聞。使用人工智能可能引起的歧視與偏見,以及問責性等問題,可以說是人工智能對個人資料私隱所帶來的衝擊。

3. 人工智能道德風險

發展人工智能的成敗,很大程度是建基於人們對它的信任,至於建立信任的關鍵就是要以人為本,包括在開發和使用人工智能的過程中提升透明度,以保障和尊重個人資料私隱。相信你也記得書中第 4 章提到,保障資料第 1 原則要求機構在向個人收集其個人資料時,需要通知該人收集資料的目的,以及轉移個人資料予哪些類別的人士。另外,保障資料第 3 原則也要求機構把個人資料用於與當初收集資料的目的一致或直接相關的目的,否則機構需要獲得資料當事人明示及自願(而未被書面撤回)的同意方可使用其資料於新目的。私隱專員在 2021 年 8 月發出《開發及使用人工智能道德標準指引》,希望透過提供實務指引,協助機構減低在開發及使用人工智能時對公眾帶來的私隱道德風險,並協助機構在過程中符合《私隱條例》的規定,讓大眾在享受人工智能給予的商機及方便的

同時，他們的私隱權也得到重視和保護。指引的其中一項人工智能道德原則便是鼓勵機構根據人工智能的風險，在使用人工智能時採取適當的人為監督（human oversight）措施，防止人工智能作出可能會對人類帶來傷害的決定，從而加強大家對人工智能的信任。私隱專員希望通過上述指引，協助機構建立合乎道德標準、值得大眾信任的人工智能系統，促進人工智能在香港的健康發展，從而協助香港成為大灣區以至亞太區的創新中心，以及世界級的智慧城市。事實上，假如機構能夠合規、合乎道德地將數據使用於人工智能的發展和應用，便可締造與客戶共贏的局面。

4. 資料保安

企業加快數碼化的步伐，除了帶來無限商機，也讓網絡罪犯和黑客更有機可乘。近年網絡安全的風險不斷攀升，機構無論大小都面對惡意軟件（malware）、勒索軟件（ransomware）、殭屍網絡（botnet）、網絡釣魚（phishing）等的網絡安全危機。有網絡安全研究公司表示，全球因為網絡攻擊而蒙受的財政損失預計將以每年 15% 的速度增長，在 2025 年甚至會達至 10.5 億美元！在資訊科技急速發展的時代，網絡攻擊的複雜程度及手法層出不窮，所以無論是開發或使用任何新興科技，資料使用者都必須保障所收集的資料和數據的安全，因為一旦發生外洩事件，後果實在不堪設想。

為了幫助社會各界在使用資訊及通訊科技時加強資料保安，私隱專員公署於 2022 年 8 月發出《資訊及通訊科技的保安措施指引》，就資料保安措施方面提供建議，以協助資料使用者遵從《私隱條例》的規定。指引所建議的保安措施涵蓋七大類別：一、資料管治和機構性措施；二、風險評估；三、技術上及操作上的資料保安措施；四、資料處理者的管理；五、資料保安事故發生後的補救措施；六、監察、評估及改善；以及七、使用雲端服務、自攜裝置及便攜式儲存裝置的建議資料保安措施。私隱專員希望香港的機構

和企業，特別是中小企，能加強資料保安系統，從而減低資料外洩風險，並鞏固他們在數碼世代中的競爭力。

私隱保障法律的未來發展

1. 科技中立

　　資訊科技發展日新月異，不少嶄新的技術均涉及收集及使用個人資料。有鑑於此，越來越多法律學者對如何平衡私隱保障及科技發展的議題展開討論和研究。事實上，《私隱條例》最初是基於經濟合作及發展組織的基本原則而草擬的，背景與確保國際自由貿易有一定關係，而毋庸置疑的是，科技進步對經濟發展功不可沒。因此，《私隱條例》的一大特點是科技中立，無論以任何技術處理個人資料，資料使用者亦須遵守《私隱條例》下的保障資料原則，包括有關收集資料的目的、資料保安與使用的規定等。《私隱條例》大部分的規定都是原則性的，而並非詳細描述所禁止的行為。這種草擬方式及立法原意容許私隱專員較有彈性地處理涉及科技發展的情況，就資訊科技發展及保障個人資料私隱作出適當的平衡。

2. 問責原則及數據道德

　　推動問責原則（accountability）成為個人資料私隱保障方面的新趨勢。這個概念主張機構採取一套由上而下的保障私隱的問責原則，把保障個人資料私隱的概念融入機構的文化及各方面的活動，目的是提高私隱保障的意識及把私隱保障概念植入產品的初期發展和機構的數據管理。就此，私隱專員於 2019 年 3 月發出《私隱管理系統最佳行事方式指引》（第二修訂版），希望透過推廣問責原則及私隱管理系統，盡量控制及減低資料外洩的風險，推動企業由

單純符合法律規定，躍升至奉行問責文化的更高層次。就實踐私隱管理系統的詳情，請參閱本章「個人資料私隱管理系統」的內容。

隨着大數據及人工智能等科技的流行，機構能從數據獲取更多利益和商機，公眾亦越來越期望機構在使用個人資料與大數據時秉持一定的道德標準。私隱專員於 2018 年 10 月發布「處理數據的正當性」研究項目中題為「中國香港的道德問責框架」的研究報告[4]，當中建議機構在進行高階數據處理活動時，恪守尊重（respectful）、互惠（beneficial）和公平（fair）的道德價值，確保有道德地使用顧客的個人資料，從而提升其商譽及增強持份者的信心。上文提到私隱專員於 2021 年 8 月發出的《開發及使用人工智能道德標準指引》，便對如何在開發與使用人工智能時恪守這三大數據道德價值作出指引。

3. 國際最新發展

近年在世界各地通過或修改的資料保障法規，便充分反映了上述趨勢。例如，於 2018 年 5 月 25 日生效的《通用數據保障條例》（*General Data Protection Regulation*），加入了上述「問責原則」的概念[5]，規定機構須主動採取各項措施證明已符合該法規，包括在制訂處理資料系統時採納「貫徹私隱的設計」（privacy by design）[6]、進行「資料保障影響評估」（Data Protection Impact

---

4　原題為 "Legitimacy of Data Processing Project" 以及 "Ethical Accountability Framework for Hong Kong, China"。

5　見歐洲聯盟《通用數據保障條例》第 24 條規則。

6　見歐洲聯盟《通用數據保障條例》第 25 條規則。

Assessment）[7]，以及委聘屬高級管理層的個人資料保障主任（data protection officer）[8]。

另外，美國首條一般性個人資料保障法規，即於 2020 年 1 月 1 日生效的《加州消費者私隱法案》（*California Consumer Privacy Act*），以及於 2023 年 7 月 1 日生效的修訂法案《加州隱私權利法》（*California Privacy Rights Act*），對加州的企業處理加州消費者個人資料作出多方面的規管，包括規定對可能會構成嚴重私隱或保安風險的個人資料處理進行定期風險評估[9]。

在內地，《個人信息保護法》於 2021 年 11 月 1 日起施行，當中的條文亦加入類似的規定，包括要求處理個人信息達到規定數量的機構指定個人信息保護負責人[10]、以及在處理敏感個人信息、利用個人信息進行自動化決策、向境外提供個人信息等情況下進行個人信息保護影響評估[11]。

當發生資料外洩的事故時，歐洲聯盟、內地和美國加州的法規均要求機構向監管機構和受影響的個人通報資料外洩事故[12]。

此外，上述的法規亦加入與科技發展及大數據分析相關的規定。根據《通用數據保障條例》，若機構要對個人資料進行自動化處理（automated processing of personal data），以分析某名個人的行為時，需要：（1）通知相關個人正進行的剖析（profiling）、

7　見歐洲聯盟《通用數據保障條例》第 35 條規則。

8　見歐洲聯盟《通用數據保障條例》第 37 條規則。

9　見經由美國《加州消費者私隱法案》（*California Consumer Privacy Act*）修訂的《加州民法典》（*California Civil Code*）第 1798.185(15) 條的規定。

10　見內地《個人信息保護法》第 52 條規則。

11　見內地《個人信息保護法》第 55 及 56 條規則。

12　見內地《個人信息保護法》第 57 條規則，歐洲聯盟《通用數據保障條例》第 33 及 34 條規則，美國《加州民法典》第 1798.82 條規則。

（2）讓相關人士選擇不被剖析所帶來法律後果的決定所影響；及
（3）就關聯到直接促銷的剖析結果提出反對[13]。美國加州的法規亦
賦予加州的消費者相類似的權利，例如，消費者有權向加州企業要
求退出自動化分析及決策及得知自動決策背後的邏輯[14]。而內地的
《個人信息保護法》則明確禁止利用個人信息進行自動化決策以對
個人在交易價格等交易條件上實施不合理的差別待遇（俗稱「殺熟」
行為），以及如果機構通過自動化決策方式向個人進行信息推送或
商業營銷，須向個人提供不針對其個人特徵的選項或便捷的拒絕
方式[15]。

　　除此之外，歐洲聯盟及內地的法規更提高了資料當事人就處理
其個人資料所給予的「同意」的門檻，使個人的意願更受尊重。歐
洲聯盟的法規規定有效的「同意」必須是在資料當事人有足夠資料
的情況下毫無疑問地給予的[16]。而內地的《個人信息保護法》則訂
明，個人的同意是處理個人信息的主要法律基礎[17]，且「同意」必須
是由個人在充分知情的前提下自願及明確作出的[18]。

　　許多資料保障法規都設有罰則。違反美國《加州消費者私隱法
案》的每項違法行為最高可被罰款美元 7,500[19]；違反歐洲聯盟《通
用數據保障條例》規定者最高可被罰款歐元 20,000,000，或上一年
度全球營業額的 4%[20]；違反內地《個人信息保護法》規定者最高可

13　見歐洲聯盟《通用數據保障條例》第 13(2)(f)、21 及 22(1) 條規則及前題第 70 段。

14　見經由美國《加州消費者私隱法案》修訂的《加州民法典》第 1798.185(16) 條規則。

15　見內地《個人信息保護法》第 24 條規則。

16　見歐洲聯盟《通用數據保障條例》第 4(11) 條規則。

17　見內地《個人信息保護法》第 13(1) 條規則。

18　見內地《個人信息保護法》第 14 條規則。

19　見經由美國《加州消費者私隱法案》修訂的《加州民法典》第 1798.155 條規則。

20　見歐洲聯盟《通用數據保障條例》第 83 條規則。

被罰款人民幣 50,000,000 元，或上一年度營業額的 5%，並可被責令停業整頓、吊銷相關業務許可或營業執照等 [21]。必須注意的是，歐洲聯盟《通用數據保障條例》及內地《個人信息保護法》都具有境外效力，因此罰款也適用於受該法規規管的海外機構。

最後，為保障數據及個人信息跨境安全及自由流動，內地亦先後於 2022 年 7 月及 2023 年 2 月分別發布《數據出境安全評估辦法》及《個人信息出境標準合同辦法》，述明有關數據出境的合規要求。而歐洲資料保障委員會（European Data Protection Board）亦於 2023 年 2 月採納有關《通用數據保障條例》第 3 條及載於第 V 章的國際資料轉移條文的指引，以及有關取得認證以進行跨境轉移的指引。

根據聯合國貿易和發展會議的數據，截至 2021 年 12 月，約 70% 的國家已有保障個人資料及私隱的法律生效。許多已實施資料保障法律多年的司法管轄區也正在或有意更新他們的法規。相信日後全球各地對個人資料私隱的法律保障會逐漸加強並且進一步看齊。

4. 海外合作

面對資訊科技發展對私隱所帶來的挑戰，各國私隱監管機構均認同國際間的監管及執法需要加強合作。私隱專員公署自 1996 年成立以來，一直致力加強與國際私隱或資料保障機構的合作和交流。私隱專員公署作為亞洲倡議個人資料私隱的先驅，積極參與國際間私隱或資料保障機關的工作和交流，當中包括亞太區私隱機構（Asia Pacific Privacy Authorities）、全球私隱執法機關網絡

---

21 見內地《個人信息保護法》第 66 條規則。

（Global Privacy Enforcement Network）和環球私隱議會（Global Privacy Assembly）。

私隱專員公署於 2020 年 7 月與英國資訊專員簽訂諒解備忘錄，強化兩個監管機構在個人資料保障方面的緊密協作，促進經驗分享和交流、攜手合作進行聯合調查、執法及研究，以及分享有關監管方法和活動的訊息。2022 年 7 月，私隱專員公署亦與新加坡個人資料保護委員會更新諒解備忘錄，在分享執法經驗、交流良好行事方式、合作進行研究等範疇，進一步加強兩地就個人資料保障方面的合作。

個人資料私隱管理系統

在現今的大數據時代，不少機構躍升為超級資料使用者，現時不少機構每天在業務運作上處理大量個人資料，例如客戶及員工的個人資料。隨着公眾及客戶對個人資料私隱保障的期望與日俱增，機構必須更積極地保護個人資料，採用僅符合法律規定的態度已不合時宜。

在機構收集或使用個人資料時，當中無可避免地涉及不同的私隱憂患。為了減低可能因此構成的傷害及防止任何侵害個人資料私隱的情況出現，私隱專員公署多年來提倡各機構建立自己的個人資料私隱管理系統，由最高管理層（例如董事會）做起，將個人資料保障視為其數據管治責任之一，並將之納入業務中不可或缺的一環，由上而下貫徹地在機構中執行有關保障個人資料的政策。私隱專員就此發出了《私隱管理系統——最佳行事方式指引》（第二版修訂版），為機構建立全面的私隱管理系統提供指引框架，並附以具體例子及實用建議以供參考。建立私隱管理系統的機構不但可加強客戶的信任，更可提升商譽及加強競爭優勢。

與其在出現私隱問題甚至資料外洩事故後進行補救，不如防範於未然。不論科技發展如何急速，資料使用者和資料處理者都應盡其數據管治責任，時刻謹記必須採取能夠保障資料當事人個人資料的措施，務求降低所有可能侵犯私隱的風險。

前景

　　善用科技發展以建設智慧城市，改善人類生活，無可置疑已是全球大勢所趨。科技發展帶來經濟效益的同時，也令個人資料私隱面臨前所未有的衝擊。然而，科技發展不等於個人資料私隱的「末日」，兩者並非水火不容。機構作為資料使用者須作出適當的私隱風險評估及管理，並提高處理個人資料的透明度及承擔，從而與資料當事人建立互信，令機構善用科技發展的同時，亦可保障和尊重個人資料私隱，相信這就是最理想的雙贏局面。

第 10 章

保護私隱精明貼士

個人資料私隱是我們的基本權利，在《私隱條例》下，你可享有以下權利：

- 資料使用者要以公平的方法向你收集個人資料；而你只須提供有實際需要的資料，並應獲告知收集個人資料的用途，以及你的個人資料可能轉移予甚麼類別的人；
- 資料使用者將你的個人資料用於新用途前，要先得到你的同意；
- 要求資料使用者確保你的個人資料準確無誤；
- 要求資料使用者在安全的情況下保存及處理你的個人資料；
- 可獲提供資料使用者的私隱政策；
- 向資料使用者查詢是否持有你的個人資料；
- 向資料使用者索取你的個人資料的複本；在收到複本後，可要求改正不準確的資料。

你可能發現以上基本權利與第 4 章所提及的保障資料原則的內容很相似，其實，市民的私隱權利與機構需要遵守的保障資料原則是互相呼應的！在日常生活中，我們要主動掌握自己的個人資料，提防生活上的私隱陷阱，保障切身利益，同時尊重別人的私隱權利。個人資料私隱，自己作主話事！

求職篇

　　瀏覽網上招聘廣告、撰寫亮麗的個人履歷、準備動聽的自我介紹演講辭等，都是求職者的基本準備功夫。但你可知道，小心保護自己的個人資料，也有助你找到一份理想工作！

　　為了展示自己最優秀一面及讓準僱主深入認識自己，個人履歷除了包括基本的個人資料及聯絡資料外，更會詳列學歷、工作經驗、過往薪金、預期待遇等。你也會在求職信中「推銷」自己，向準僱主介紹自己的才能，以及如何符合職位的要求。因此，求職信和履歷往往載有大量敏感的個人資料，寄出之前必須三思，切勿因急於找到工作而不必要地犧牲自己的個人資料私隱。

貼士 1　必須認清招聘機構，不要胡亂提供履歷

求職者要提防一些匿名的招聘廣告，它們有可能以招聘為名，套取個人資料作其他用途為實，因此千萬不要將履歷交給沒有在招聘廣告中披露身分的機構或人士。一旦把個人資料交予這些「無名氏」之後，想要求對方改正甚至銷毀資料，只怕無從入手了。

貼士 2　提供個人資料前閱讀《收集個人資料聲明》

即使知悉招聘者的身分，也要留意該機構所提供的《收集個人資料聲明》（通常在有關的職位申請表或機構的網址可找到），了解招聘過程中收集的個人資料會用於甚麼用途，以及會否轉移給第三者，然後才決定是否提供個人資料。

貼士 3　　電子交表更方便，資料保安最重要

如透過電郵方式提交履歷，應盡量採用加密的方式傳送，最好的做法是以電話通知收件者開啟檔案的密碼，以減低你的個人資料在傳送過程中被未經授權人士查閱的風險。某些招聘機構同時接受網上申請，這無疑是更方便快捷的渠道，但求職者在網上填寫個人資料或上傳任何文件之前，須細心閱讀有關機構的私隱政策，尤其關於保障資料安全的部分，以衡量網上申請是否可取。

貼士 4　　勿因求職心切，提供過多個人資料

來到面試的緊張時刻了！你可讓準僱主查看你的身份證以核實你的身分，但在這階段無須向他們提供身份證副本，你更有權拒絕他們影印你的身份證。若準僱主在沒有充分理由下要求你提供一些與甄選無關的個人資料，例如你的病歷資料、資產狀況、父母或配偶的職業[1]等，請緊記你有權拒絕提供有關資料。不要害怕因「不合作」而喪失獲聘機會，你可向準僱主了解索取這些資料的原因及坦誠地表達你的顧慮，這反而可讓準僱主認識到你處事謹慎的一面。一個不尊重員工個人資料私隱的僱主，可以提供一份理想的工作嗎？

貼士 5　　查閱資料權利非絕對，認清界線免混淆

完成面試後你必定很想知道會否獲聘，或你的面試評分吧？雖然你有權根據《私隱條例》查閱自己的個人資料（包括面試評分），但準僱主在特定情況下可按照《私隱條例》的規定拒絕依從你的查閱資料要求。舉例而言，如準僱主在你申請的職位空缺作出決定之前

1　參閱本書附錄二「疑難解碼」的「人力資源管理篇」第二問答題。

收到你的查閱資料要求，而你有權就準僱主作出的決定提出上訴，則準僱主可以拒絕你提出查閱資料要求。

|貼士 6　適時要求刪除個人資料

若你沒有被取錄，機構可保留你在應徵時提供的履歷及個人資料，以作將來招聘之用或其他具體用途（必須向你說明），但保留期一般不應超過兩年。如你不想機構保留你的個人資料，可要求他們銷毀資料。除非機構有具體理由必須保留你的求職資料，否則應尊重你的意願。

成功獲聘後，僱主將向你收集更多個人資料，有關人力資源管理上所遇到的私隱問題，請參閱本書附錄二「疑難解碼」的「人力資源管理篇」。

購物消費篇

不少商戶都會實行會員制度，會員只要一卡在手，便能享有優惠。在享用這些折扣優惠前，商戶通常要我們填寫會員登記表格，但你知道商戶會如何使用我們填寫的個人資料嗎？你有沒有想過以個人資料私隱來換取小小的會員優惠是否值得呢？

貼士 1　個人資料有價，勿為優惠輕易出賣私隱

世上沒有免費午餐。在這個大數據年代，個人資料絕對有價有市。參加會員計劃之前，應先確定優惠詳情、商戶需要收集甚麼個人資料及用作甚麼用途等，並小心衡量是否值得參加。一般來說，消費者參加會員或獎賞計劃，只提供姓名、電話號碼或電郵地址已足夠確認會員身分。若商戶向你索取額外的個人資料，例如出生日期甚至身份證號碼、婚姻狀況、消費模式、收入資料等，請考慮清楚，不要有求必應。作為精明消費者，不要為了可能用不着的優惠而輕易出賣自己的個人資料私隱，隨時會因小失大呢！

貼士 2　直接促銷要留神，消費者應「有得揀」

你要求商戶向你提供服務，商戶不得以你必須接受直接促銷作為交換條件。如商戶透過服務申請表向你收集個人資料，而表格的設計令你無法拒絕商戶把個人資料用於與你所尋求的服務無關的直接促銷用途（即「綑綁式同意」的情況），這種做法可被視為以不公平方法收集個人資料。

|貼士 3　拒收直接促銷訊息，你我隨時可以

若商戶表明想用你的個人資料作直接促銷用途，而你又不願意收到直接促銷訊息的話，你有權表示反對。事實上，不論你是否客戶或會員，任何時候當你收到指名道姓的直接促銷電話、郵件或電郵，你都有權要求有關商戶停止向你進行宣傳或推廣。這個拒收直接促銷訊息的權利沒有期限，商戶也不得就此向你收取費用。若商戶無視或不依從，即屬觸犯刑事罪行。

|貼士 4　出賣朋友私隱換優惠不可取

直接促銷訊息不一定不受歡迎。你或許不介意不時收到推廣訊息，甚至很樂意獲告知符合個人喜好的優惠詳情。然而，即使你多希望跟親朋好友分享這些資訊，也不應在未得到他們的同意下披露其聯絡資料給任何商戶，更不可為了得到更多優惠而出賣別人的個人資料。其實分享着數優惠不一定要透過第三者，相約摯友聚會，一邊享用美食，一邊交換購物情報，豈不更暢快？

《私隱條例》對使用個人資料作直接促銷用途有嚴格規管，與其被動地依賴商戶遵守規定，何不主動了解多一點，以保護自己的個人資料免被濫用？關於這方面的資訊可參閱附錄二「疑難解碼」的「直接促銷」篇。

|貼士 5　電子支付保私隱，購物消費更安心

在下載或使用電子支付系統／電子錢包時緊記以下醒目提示，自能「Shop 得開心，用得放心！」：

- 查明私隱政策和收集個人資料聲明，了解營運商如何查閱、上載、分享或處理收集所得的個人資料，衡量資料的

收集是否有需要抑或是超乎適度，再決定是否提供你的個
人資料及安裝電子支付系統 / 電子錢包；

- 檢視私隱設定；
- 不要把信用卡資料提交予可疑的購物網站或支付程式；
- 切勿在公共 Wi-Fi 或不安全的 Wi-Fi 連接下操作；
- 設定複雜的帳戶密碼，亦不要將同一密碼用於其他敏感性
較低的服務；
- 啟動流動裝置的防盜功能，並安裝最新的保安修補程式及
防毒軟件；
- 切勿開啟來歷不明的電郵附件或點擊可疑的連結；及
- 定期監察交易紀錄，留意是否有未獲授權的活動。

兒童篇

保障個人資料私隱，無分長幼。事實上，兒童跟成年人及老友記一樣享有本書開首所述的權利。

貼士 1　保護兒童個人資料私隱，成年人責無旁貸

在這個連小學生也要上網「交功課」的年代，兒童在資訊科技的應用上可能比成年人懂得更多、學得更快。然而，這並不代表兒童有足夠的經驗去識別和處理科技發展所衍生的私隱風險。因此，在保護兒童的個人資料私隱上，成年人（家長、長輩或老師）是責無旁貸的。

「言教不如身教」，身體力行是教導子女的不二法門。家長可不時到子女經常瀏覽的網站，例如聊天室、社交媒體、網上遊戲，或使用孩子愛用的流動應用程式，一方面可透過親身體驗得到第一手資訊及經驗，另一方面可與子女建立共同話題，在聊天中了解他們辨析網上私隱風險的能力，並從旁輔導，灌輸保障個人資料和尊重他人私隱的觀念。家長亦可善用網上平台或系統提供的家長操控工具（如儀表板），選取適合設定，以防止子女在網上接觸不良資訊。

|貼士 2　提醒兒童下載流動應用程式前先了解私隱風險

很多兒童及青少年都十分沉迷於「玩手機」，家長除了提醒子女在過馬路時不要做「低頭族」外，也應該向兒童灌輸保護個人資料私隱的重要性，令他們明白在下載任何流動應用程式之前，必須先了解有關程式會分享智能電話內哪些資料，再衡量是否值得以個人資料去交換免費遊戲或其他流動應用程式的服務。另外，坊間有大量為熱門手機遊戲而設的遊戲指南和攻略程式，成年人應提醒兒童切勿胡亂下載一些非官方開發的程式，否則遊戲「過關」了，自己卻可能被偽冒或惡意程式的病毒「擊敗」，白白犧牲了社交媒體帳戶或手機內的個人資料。

|貼士 3　保護及尊重個人資料私隱，勿參與網絡欺凌

以往欺凌事件多在校園發生，但隨着互聯網的普及，取而代之的形式是網絡欺凌或網上「起底」。網上科技大大促進了人與人之間的互動，按一下鍵便可跟別人即時分享有趣的事情。兒童或會認為在網上轉發別人（不論是否認識的）的醜態／尷尬事讓大家取笑一番無傷大雅，甚至可能在朋輩的影響下，針對某一對象在網上搜索、存檔和公開其個人資料並進行抨擊，不自覺地參與了網絡欺凌。我們不但有責任幫助兒童培養同理心，令他們明白尊重別人的個人資料私隱的重要性，也有責任向他們指出，網上世界沒有「刪除」鍵，資料一旦公開並流傳開去，便無法完全刪除。因此，在網上公開別人或自己的個人資料前要三思，以免成為網絡欺凌的「幫兇」或「受害者」。

貼士 4　父母樹立好榜樣，多與兒童溝通交流

你可能發現在保護兒童私隱方面，沒有一致的標準，例如傳媒在刊登兒童的照片時會打「馬賽克」，但另一方面，不少父母卻愛在互聯網上公開子女的照片、考試成績等。成年人是兒童的學習對象，父母應該樹立一個好榜樣，在網上分享兒童的資料時必須以其利益為依歸，打算公開資料時，必須考慮會否令當事人尷尬或造成人身傷害。同時，由於兒童的期望及判斷力會隨着成長及智力發展而改變，所以成年人應經常與兒童坦誠地討論網上所發生的事情，以了解他們的看法和感受，並向他們灌輸保障個人資料的觀念。

貼士 5　留意私隱專員公署的刊物和活動向兒童推廣保障私隱

兒童一般對保障個人資料私隱的意識較低，亦對網上活動潛在的私隱風險較疏於防範。有見及此，私隱專員公署一直致力推廣保障兒童私隱，包括舉辦以小學生為對象的私隱保障活動，讓保障私隱的意識從小在兒童的腦海中植根。

此外，私隱專員公署設立「兒童私隱」專題網站，為老師、家長及兒童提供一站式的網上資源中心，網站上的多款教育單張及動畫短片，都是教導兒童認識保障私隱的實用教材。

老友記篇

一些長者或對個人資料私隱的意識不高，但他們在日常生活中常會遇到私隱陷阱，尤其近年出現多宗不同形式的詐騙個案，

套取個人資料引致長者或親友蒙受金錢損失，所以我們要提醒身邊的老友記，提高他們的防騙意識，應如保護重要財產般小心保護自己的個人資料。

貼士 1　提防電話騙案，勿輕率披露個人資料

近年電話騙案十分猖獗，騙徒的手法層出不窮，如不小心提防，個人資料可能隨時遭他人盜用，最終招致損失。我們寧願自己當「煩人」，也不可讓家人變成《警訊》的主角！我們應不斷提醒長者，在收到陌生人的來電時，特別是「+852」字頭的來電有可能是詐騙電話，緊記切勿輕易向對方披露任何個人資料，因為狡猾的騙徒在談話間掌握到的個人資料越多，當事人便越容易墮入圈套，所以要不厭其煩地提醒長者時刻保持警覺，並盡量避免在電話中向任何人提供自己或家人的個人資料。另外也要告訴長者如覺得來電者的身分可疑，要盡快掛斷電話，然後致電對方聲稱代表的機構核實來電者身分或與家人商量。

貼士 2　好好保管證件與銀行卡，密碼分開放

我們還要養成定期檢查錢包的習慣，確保沒有遺失重要證件或銀行卡，最好不要將不常用的卡放在錢包內。此外，提款卡密碼要定期更改，但不要貪方便使用自己的個人資料，例如以電話號碼、出生日期或身份證號碼作為密碼，更不要把抄下的密碼與提款卡或相關文件放在一起。

貼士 3　鎖好信箱，妥當棄置信件

信件載有個人資料，所以千萬要鎖好信箱，防止信件被盜。在搬家之後，也緊記要求銀行及有關機構更改通訊地址。任何載有個人資料的信件或文件，應徹底撕碎後才棄置。

貼士 4　認清網絡世界，避開風險有法

今時今日，不少長者都有使用智能裝置的習慣，亦會透過社交媒體與親友聯繫及分享生活點滴。我們在進行網上活動時不知不覺留下「數碼足跡」，所謂覆水難收，個人資料一旦在網上公開，便可被複製或永久保存，無法完全刪除。網絡世界不是完全虛擬的，當網上零碎的個人資料一旦被結集起來，別人不難在現實生活追蹤或辨認你，甚至以不同手法令你受騙，招致金錢損失甚或精神困擾。雖然網絡世界有不少私隱風險，但長者只要認識這些風險及了解應對的方法，自能安心地享受上網的樂趣。

除此之外，提醒長者留意在智能裝置和社交媒體的登入紀錄，以及不時更換帳戶密碼均可防止未獲授權的第三者輕易盜取個人資料。如果收到可疑電郵或短訊，切勿開啟相關連結或附件以避免個人資料外洩。

以上貼士對年輕人來說可能是老生常談，但對於長者，可能要多花點耐性和時間才能牢記！

社交媒體及網上追蹤篇

　　社交媒體已成為日常社交及溝通不可或缺的工具，不論是購物抑或求職，都可以透過社交媒體進行。縱然使用這些社交通訊工具能便利生活，我們卻不應忽視它們可能會為個人資料私隱帶來的風險。這些風險或源於用戶過度分享資料，或因平台使用或分享用戶的資料而從中圖利。

貼士 1　　公開資料要三思，免被「起底」

　　在社交媒體建立帳戶時，請仔細衡量所填寫的個人資料——出生日期、家庭成員、就讀學校、任職機構甚至感情狀況等。即使你不介意跟朋友分享，但其實是否有必要提供這些個人資料呢？在網絡世界分享資訊會留下永久的數碼足跡，其他人可隨時瀏覽、複製或轉發，資料一旦公開便覆水難收。這些在平台上公開的帳戶資料，可被第三方透過「數據擷取」（data scraping）的自動化程序收集及整合，然後再被濫用。你必須知道，個別零碎的資料看似無關痛癢，但如與網上其他關於你的資料或你曾表達的意見結合、重整及配對起來，就能建立你的個人資料檔案了。任何人也難保自己有一天不幸成為被「起底」的對象，因此在社交媒體上公開任何個人資料前必須三思。很多遭受網絡欺凌的主角，在資料被公開後才刪除自己的社交媒體帳戶，但已經為時已晚。

貼士 2　分享資料要小心，保障及尊重個人資料私隱

一部智能電話在手，方便上網之餘，更能即時與朋友聯繫，分享所見所聞。很多人喜歡使用流動應用程式和社交媒體更新自己的動向，但有否想過「打卡」、留言、讚好等均有機會洩露你的個人資料，不知不覺暴露了行蹤，更可能會犧牲他人的私隱呢？假設你是攝影師，如果你在未得到顧客同意下將其相片上載至你個人的社交網頁以作招徠，你便可能違反《私隱條例》下規管有關使用個人資料的原則。

將心比己，在社交媒體互動分享時，大家也須尊重對方的個人資料私隱。在轉發或分享朋友的個人資料或於照片標籤朋友前，應先取得當事人的同意。先詢問，後上載，方為上策！

貼士 3　查閱私隱政策，調整私隱及定位設定

在使用社交媒體前，你應查閱它們的私隱政策，了解社交媒體如何處理及分享你的個人資料。社交媒體可能暗藏私隱陷阱，他們或會利用彈窗訊息、令人混淆的語言及鮮豔奪目的「同意」按鈕，吸引你分享比預期多的資料。當你被要求在給予涉及臉容識別、定位追蹤和網上跨平台追蹤的權限時，緊記要三思，千萬不要胡亂按鍵。

你或許已很久沒有檢視你的社交媒體帳戶的私隱設定。別小看這個看似簡單的步驟，透過調整私隱設定，你可自訂公開個人資料的程度，自由自主地決定誰人可以看到你的資料和可看到甚麼資料。私隱設定一般可在智能電話操作系統或在社交媒體的網頁版或流動應用程式內更改。

此外，流動應用程式或手機的地理標記及分享位置資料功能，可令你的行蹤無所遁形。不想隨時被人知道你身在何處，快快檢查你是否已關閉流動應用程式或手機的定位功能，以及相機上的定位標記功能吧。

貼士 4　拒絕跨平台追蹤，別輕易向網友提供個人資料

你在登入一些網站或使用一些網上服務時，是否習慣使用「社交媒體帳號登入」（social log-in，即利用社交媒體帳號登入第三方的流動應用程式或網頁）？這種登入方式看似方便，但你是否知道，此舉可令社交媒體對你進行跨平台追蹤，令你在社交媒體以外的網上活動被徹底掌握。千萬不要貪一時方便，連自己的私隱被犧牲了亦不自知啊！

你曾否在社交媒體上結識朋友，甚至發展網上情緣？在虛擬的網絡世界，你幾乎無法確定在線的另一方的真實身分。事實上，世界各地不時都發生騙徒利用網友信任，以虛假身分在網上行騙的事件。為保障自己，無論你與剛認識的網友多麼投緣，亦不要隨便告知對方你的個人資料。

貼士 5　認識 cookies 種類，啟動安全模式

相信你一定有這樣的經驗：在瀏覽網站進入頁面的第一時間會彈出通知，告知網站正使用 cookies 對你進行瀏覽記錄。大多數人或者會立刻選擇「接受 cookies 追蹤」以便瀏覽活動不受影響，但你是否知道 cookies 或會令你在網絡世界被第三者追蹤？

Cookies 是由網站傳送到電腦的細小檔案，當中可能儲存了用家瀏覽網站的紀錄、喜好設定等資料。Cookies 根據種類和作用大致可以分成四個類別：連線階段 cookies（session cookies）、第一方 cookies、第三方 cookies 和 flash cookies（又稱為「閃存／超級／殭屍 cookies」）。

連線階段 cookies 是很多需要用戶登入的網站均有使用，目的是讓你無須在瀏覽網站的每一頁時重新輸入用戶名稱及密碼；而一般來說，許多第一方 cookies 會用於記錄你的瀏覽喜好和活動，拒絕接受這種 cookies 或會令你無法瀏覽某些網站或某些部分。

不過第三方 cookies 和 flash cookies 便需要多加留意：很多時網上廣告公司在你瀏覽的網站購買了「位置」而擺放這類 cookies，而 flash cookies 更不會理會瀏覽器的設定而停留在你的電腦內，難以移除。如你不希望被第三者追蹤，可查看瀏覽器，了解如何拒絕接受第三方 cookies。同時定期留意 flash cookies 的最新發展及學習有關移除這種 cookies 的資訊。

值得留意的是，有些網站會以不同使用目的去標示第一方 cookies（例如為提供服務或檢視網頁的效能）和第三方 cookies（例如提供個性化服務或展示廣告）。因此，在瀏覽網站又遇上 cookies 的彈窗通知時，記得要「停一停，諗一諗」，留意通知附有的《收集個人資料聲明》，並了解（1）網站正利用 cookies 收集用戶的哪些資料及打算用作甚麼用途；（2）用戶是否必須容許 cookies 收集有關資料；以及（3）用戶不容許 cookies 收集有關資料的後果（例如無法使用網站內的某些功能）。

其實現在很多瀏覽器均設有「私人／安全模式」供用家設定。設定了這個模式，瀏覽器會自動拒絕接受 cookies，關閉瀏覽器後，便不會留下瀏覽的蹤跡（即不會保留瀏覽或下載紀錄、緩存檔案、儲存的密碼等），下次瀏覽網站時不妨留意一下有沒有啟動這模式。

資料保安篇

　　我們現今花更多時間使用智能電子產品（包括智能電話及平板電腦）和透過網上進行更多活動。智能電子產品及網上服務無疑為我們的生活帶來方便和樂趣，但箇中的個人資料私隱風險實在不能忽視。你應採取合適的措施，保障智能電子產品、網上帳戶內的個人資料及私隱。

貼士 1　做好智能電子產品及網上帳戶的保安

智能電話、平板電腦和網上帳戶（例如社交媒體和電郵帳戶）都儲存或連結不少個人資料，如這些裝置或帳戶存在保安漏洞，使你的個人資料能輕易被人盜用，後果可能不堪設想。為防止「有心人」查看你電子裝置和帳戶的內容，你應為你的電子裝置和帳戶設定高強度（例如至少為八個字元，並應包括大小楷字母、符號及數字）和獨特的密碼，並定時更改。除使用密碼外，應啟用多重認證功能（例如透過手機短訊、電郵或專為認證而設的應用程式接收驗證碼），以加強網上帳戶的保安。

此外，如果你在多個帳戶使用同一帳戶名稱或登記電郵，其他人就較容易把你在這些網站內的資料串連起來從而辨認你的身分。如果帳戶的密碼亦是相同的話，一旦密碼外洩或被猜中，你的多個帳戶更有機會被同時入侵。請緊記，切勿為方便易記而以相同的名稱開立多個網上帳戶或以相同的電郵地址登記多個帳戶，亦不要在多個帳戶使用同一密碼。

貼士 2　謹慎使用流動應用程式（App）

安裝不知名或來歷不明的 App，會對你的智能電話和個人資料構成威脅。因此，你應採取以下的措施保障電話和資料安全：

- 只使用從官方的 App 商店下載的 App；
- 在下載 App 前細閱相關私隱政策、索取資料的權限及其他用家的評分；
- 在下載 App 後評估及調整 App 索取資料的權限及私隱設定，並只容許程式存取最少必要的資料；
- 確保 App 是最新版本並開啟自動更新功能；及
- 定期檢視智能電話內所安裝的 App，並刪除智能電話內不再使用或被發現有保安漏洞的 App。

貼士 3　提防來歷不明的電郵和訊息，勿亂按連結或打開附件

除非你從沒有公開你的電郵地址或以此登記任何服務，否則你幾乎沒有方法杜絕垃圾電郵。另一方面，即時通訊軟件亦容許用戶向非聯絡人傳送訊息。垃圾電郵和即時訊息中除了一般推廣訊息外，更可能包括帶有病毒或惡意程式的附件，而當中的連結也可能是非法或虛假網站，所以千萬不要輕信來歷不明的電郵和訊息，更不要隨便打開附件或按下連結。你應檢查寄件人的電郵地址是否正確，特別注意一些容易混淆的字母（例如以數字「0」取代英文字母「o」）。如電郵和訊息要求你登入網上銀行、付款、電郵服務或社交平台，或輸入任何密碼，切勿按電郵內的任何連結，較安全的做法是透過其他方式（例如致電寄件人）查詢和只透過官方網站瀏覽所需服務。

貼士 4　慎防惡意程式入侵電子裝置

惡意程式是病毒、蠕蟲、特洛伊木馬、鍵盤紀錄、殭屍等程式的統稱，它們會攻擊你的電腦作業系統或盜取你的資料。不論電腦、智能電話或平板電腦，都應該安裝最新的防毒軟件，以防惡意程式入侵。很多惡意程式甚至會利用作業系統的漏洞進行破壞，因此定期更新作業系統有助堵塞這些漏洞。

在電話系統進行「越獄」（jailbreak）或「刷機」（root）（即解除智能電話生產商的保安設定）會導致電話更易被惡意程式入侵，因此應盡量避免。

貼士 5　留意 Wi-Fi 連接的安全

當你使用公共 Wi-Fi 時，你無法了解網絡的詳情，亦不能更改其設定，保安風險之高實在可想而知。因此，請緊記不要在連接公共 Wi-Fi 時登入較高風險的帳戶，例如網上銀行帳戶。如需要使用網上銀行或為網上購物付款，還是使用手機的數據連接網絡比較安全。

在家中使用 Wi-Fi 亦不能掉以輕心。你應選擇採用 WPA3 或 WPA2 加密協定的路由器、更改預設的 Wi-Fi 登入名稱和密碼、避免使用與你身分或地址相關的登入名稱、設定高強度和獨特的密碼及定期更改，這樣才能用得安心又放心。

貼士 6　小心選擇和使用雲端儲存服務

雲端儲存空間能讓你透過網絡於不同的裝置上存取檔案，因此越來越多用戶都選用雲端儲存，以騰空其裝置上的儲存空間。然而，儲存於雲端內的資料和檔案是否安全，取決於服務供應商所採取的保安措施。因此你必須小心選擇供應商，並於使用有關服務前詳細了解服務條款及細則。你亦應為雲端帳戶設立高強度和獨特的密碼，並經常更改，同時亦要開啟多重認證功能。當有關雲端服務發生資料外洩或帳戶被人嘗試登入時，你應立即採取措施，例如更改帳戶密碼。為保障個人資料的安全，你應避免將含敏感個人資料的檔案儲存於雲端，或先將有關檔案加密才上傳至雲端。

貼士 7　出售或棄掉裝置前勿忘刪除資料

儲存在智能電子裝置（例如智能電話和平板電腦）內的個人資料，可能比你想像的還要多。若在棄置、出售或出讓裝置前沒有採取適當的保護措施，你可能將自己的個人資料拱手送人。不要以為只有知名人士的資料才有價值，在黑客和騙徒眼中，任何個人資料也有用處，而且越多越好。因此，你維修電子器材前，請確保維修商是信譽良好、誠實可靠的。至於準備出售或棄置具有記憶或儲存功能的裝置前，則切記刪除裝置內的所有資料或將硬碟格式化，當然還要移除或刪除這些裝置內的記憶卡或舊有的 SIM 卡。

貼士 8　堵塞網絡攝錄機保安漏洞

你或會在家中安裝網絡攝錄機（IP Cam），透過網站或流動應用程式實時遙距觀看家中情況。但如果你沒有做好保安措施，隨時可能會被未獲授權的第三者截取拍下的影像，甚或被發布至互聯網，如同上演「真人騷」。因此要保護好自己的私隱，應該選購配備加密

技術（例如 SSL 技術）的網絡攝錄機，確保傳輸影像已被加密處理，防止未獲授權的第三者截取影像。

設置網絡攝錄機時，應更改生產商預設的用戶名稱及密碼，並使用高強度的密碼（例如混合英文字母、數字及符號的密碼），以防止未獲授權的第三者輕易地連接至你的網絡攝錄機。記得還要適時為網絡攝錄機安裝生產商提供的更新固件（firmware），並為相關的影像播放軟件及應用程式安裝修補程式（patch），以堵塞保安漏洞。在不需使用網絡攝錄機時（例如回家後），記得關閉鏡頭！

總結

個人資料與日常生活息息相關，在不同的處境中，個人資料都有機會被收集、使用及處理。你作為資料「話事人」，當然享有個人資料私隱受保障的權利；同時，你亦有責任主動了解如何保護自己的個人資料。只要多認識保障及尊重個人資料私隱的概念和法例的要求，並在日常生活中靈活應用，你也可以是「私隱達人」。

如你想進一步了解日常生活中如何應對各種各樣的私隱難題，請參閱本書的附錄二：疑難解碼。

附錄一

香港法例第 486 章《個人資料（私隱）條例》的

六項保障資料原則

第 1 原則　收集個人資料的目的及方式

(1)　除非 ——

(a)　個人資料是為了直接與將會使用該資料的資料使用者的職能或活動有關的合法目的而收集；

(b)　在符合 (c) 段的規定下，資料的收集對該目的是必需的或直接與該目的有關的；及

(c)　就該目的而言，資料屬足夠但不超乎適度，

否則不得收集資料。

(2)　個人資料須以 ——

(a)　合法；及

(b)　在有關個案的所有情況下屬公平，

的方法收集。

(3)　凡從或將會從某人收集個人資料，而該人是資料當事人，須採取所有切實可行的步驟，以確保 ——

(a)　他在收集該資料之時或之前，以明確或暗喻方式而獲告知 ——

（由 2012 年第 18 號第 2 條修訂）

(i)　他有責任提供該資料抑或是可自願提供該資料；及

(ii)　（如他有責任提供該資料）他若不提供該資料便會承受的後果；及

(b)　他 ——

(i)　在該資料被收集之時或之前，獲明確告知 ——

（由 2012 年第 18 號第 2 條修訂）

(A)　該資料將會用於甚麼目的（須一般地或具體地説明該等目的）；及

(B)　該資料可能移轉予甚麼類別的人；及

(ii)　在該資料首次用於它們被收集的目的之時或之前，獲明確告知 ——　（由 2012 年第 18 號第 2 條修訂）

(A)　他要求查閱該資料及要求改正該資料的權利；及

(B)　處理向有關資料使用者提出的該等要求的個人的姓名（或職銜）及其地址，　（由 2012 年第 18 號第 40 條代替）

但在以下情況屬例外：該資料是為了在本條例第 8 部中指明為個人資料就其而獲豁免而不受第 6 保障資料原則的條文所管限的目的而收集，而遵守本款條文相當可能會損害該目的。

（由 2012 年第 18 號第 2 條修訂；編輯修訂 —— 2013 年第 1 號編輯修訂紀錄）

第 2 原則　個人資料的準確性及保留期間

(1) 須採取所有切實可行的步驟，以 ——

    (a) 確保在顧及有關的個人資料被使用於或會被使用於的目的（包括任何直接有關的目的）下，該個人資料是準確的；

    (b) 若有合理理由相信在顧及有關的個人資料被使用於或會被使用於的目的（包括任何直接有關的目的）下，該個人資料是不準確時，確保 ——　　　　　　　　　　　　　　　　　　　　（由 2012 年第 18 號第 2 條修訂）

        (i) 除非該等理由不再適用於該資料（不論是藉着更正該資料或其他方式）及在此之前，該資料不得使用於該目的；或

        (ii) 該資料被刪除；

    (c) 在於有關個案的整體情況下知悉以下事項屬切實可行時 ——

        (i) 在指定日當日或之後向第三者披露的個人資料，在顧及該資料被使用於或會被使用於的目的（包括任何直接有關的目的）下，在要項上是不準確的；及

        (ii) 該資料在如此披露時是不準確的，

    確保第三者 ——

        (A) 獲告知該資料是不準確的；及

        (B) 獲提供所需詳情，以令他能在顧及該目的下更正該資料。　　　　　　　　　　　　　　　　　（由 2012 年第 18 號第 2 條修訂）

(2) 須採取所有切實可行的步驟，以確保個人資料的保存時間不超過將其保存以貫徹該資料被使用於或會被使用於的目的（包括任何直接有關的目的）所需的時間。　　　　　　　　　（由 2012 年第 18 號第 2 及 40 條修訂）

(3) 在不局限第 (2) 款的原則下，如資料使用者聘用（不論是在香港或香港以外聘用）資料處理者，以代該資料使用者處理個人資料，該資料使用者須採取合約規範方法或其他方法，以防止轉移予該資料處理者的個人資料的保存時間超過處理該資料所需的時間。　（由 2012 年第 18 號第 40 條增補）

(4) 在第 (3) 款中 ——

資料處理者（data processor）指符合以下兩項說明的人 ——

    (a) 代另一人處理個人資料；及

    (b) 並不為該人本身目的而處理該資料。　（由 2012 年第 18 號第 40 條增補）

第 3 原則　個人資料的使用

(1) 如無有關的資料當事人的訂明同意，個人資料不得用於新目的
（由 2012 年第 18 號第 40 條修訂）

(2) 資料當事人的有關人士可在以下條件獲符合的情況下，代該當事人給予為新目的而使用其個人資料所規定的訂明同意 ——

   (a) 該資料當事人 ——

      (i) 是未成年人；

      (ii) 無能力處理本身的事務；或

      (iii) 屬《精神健康條例》（第 136 章）第 2 條所指的精神上無行為能力；

   (b) 該資料當事人無能力理解該新目的，亦無能力決定是否給予該項訂明同意；及

   (c) 該有關人士有合理理由相信，為該新目的而使用該資料明顯是符合該資料當事人的利益。
（由 2012 年第 18 號第 40 條增補）

(3) 即使資料使用者為新目的而使用資料當事人的個人資料一事，已得到根據第(2)款給予的訂明同意，除非該資料使用者有合理理由相信，如此使用該資料明顯是符合該當事人的利益，否則該資料使用者不得如此使用該資料。
（由 2012 年第 18 號第 40 條增補）

(4) 在本條中 ——

新目的（new purpose）就使用個人資料而言，指下列目的以外的任何目的 ——

   (a) 在收集該資料時擬將該資料用於的目的；或

   (b) 直接與 (a) 段提述的目的有關的目的。
（由 2012 年第 18 號第 40 條增補）

第 4 原則　個人資料的保安

(1) 須採取所有切實可行的步驟，以確保由資料使用者持有的個人資料（包括採用不能切實可行地予以查閱或處理的形式的資料）受保障而不受未獲准許的或意外的查閱、處理、刪除、喪失或使用所影響，尤其須考慮 ——
（由 2012 年第 18 號第 40 條修訂）

   (a) 該資料的種類及如該等事情發生便能做成的損害；

   (b) 儲存該資料的地點；

   (c) 儲存該資料的設備所包含（不論是藉自動化方法或其他方法）的保安措施；

   (d) 為確保能查閱該資料的人的良好操守、審慎態度及辦事能力而採取的措施；及

   (e) 為確保在保安良好的情況下傳送該資料而採取的措施。
（由 2012 年第 18 號第 2 條修訂）

(2) 在不局限第 (1) 款的原則下，如資料使用者聘用（不論是在香港或香港以外聘用）資料處理者，以代該資料使用者處理個人資料，該資料使用者須採取合約規範方法或其他方法，以防止轉移予該資料處理者作處理的個人資料未獲准許或意外地被查閱、處理、刪除、喪失或使用。

（由 2012 年第 18 號第 40 條增補）

(3) 在第 (2) 款中 ——

資料處理者（data processor）具有第 2 保障資料原則第 (4) 款給予該詞的涵義。

（由 2012 年第 18 號第 40 條增補）

第 5 原則　資訊須在一般情況下可提供

須採取所有切實可行的步驟，以確保任何人 ——

(a) 能確定資料使用者在個人資料方面的政策及實務；

(b) 能獲告知資料使用者所持有的個人資料的種類；

(c) 能獲告知資料使用者持有的個人資料是為或將會為甚麼主要目的而使用的。

第 6 原則　查閱個人資料

資料當事人有權 ——

(a) 確定資料使用者是否持有他屬其資料當事人的個人資料；

(b) 要求 ——

(i) 在合理時間內查閱；

(ii) 在支付並非超乎適度的費用（如有的話）下查閱；

(iii) 以合理方式查閱；及

(iv) 查閱採用清楚易明的形式的，

個人資料；

(c) 在 (b) 段所提述的要求被拒絕時獲提供理由；

(d) 反對 (c) 段所提述的拒絕；

(e) 要求改正個人資料；

(f) 在 (e) 段所提述的要求被拒絕時獲提供理由；及

(g) 反對 (f) 段所提述的拒絕。

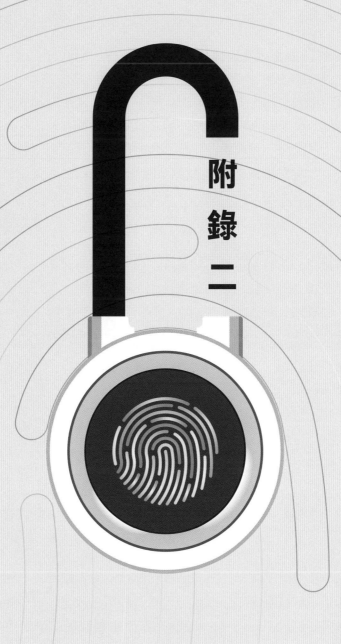

附錄 二

疑難解碼

「私隱」已成為了瀏覽器內其中一個最熱門的搜尋詞彙。不論個人或是機構都越來越重視這個議題。原因很簡單，因為在日常生活中經常接觸到的社交媒體網路、閉路電視或是加入會員填寫表格等都經常遇到私隱方面的問題。

1. 人力資源管理

無論你是僱員或僱主，都會關心如何才能妥善處理個人資料。現從不同角度測試一下你的認識。

問題一：某公司的職位申請表上，有一欄要求應徵者填報配偶及子女的職業、性取向或婚姻狀態。收集這些資料的目的是要確定應徵者的親屬是否為公司的競爭對手工作或是否符合公司運作所需。這是否可以接受呢？

為確定應徵者的親屬是否為公司的競爭對手工作，其實公司只需詢問應徵者是否有親屬在同一行業或類似行業工作，並解釋查詢有關資料的原因便可。如應徵者填寫「是」的話，才進一步詢問以確定有關情況是否值得關注。如填寫「否」的話，則無需知道親屬的職業。至於有關應徵者的性取向或婚姻狀態，視乎應徵者的工作性質，如非必要，公司不應強制應徵者回答該問題，以避免收集在應徵階段而言不必要的個人資料。

問題二：僱主可否收集僱員的指紋資料作考勤用途？

雖然《私隱條例》沒有明文禁止僱主使用指紋識別裝置作考勤用途，但基於指紋屬敏感的個人資料，僱主必須要有充分的理據，方可收集及使用指紋資料。在切實可行的情

況下，僱主應盡量給予僱員自主及知情的選擇，並詳細解釋收集其指紋對個人資料私隱的影響。

問題三：如僱主決定監察僱員的活動（如電話監察、電子郵件監察、互聯網監察和攝錄監察等），有甚麼需要注意的地方？

當僱主決定執行僱員監察時，應研究有否其他切實可行的模式或途徑作替代。僱主可參看下列問題，為監察活動訂出合理的限制：

1. 監察活動可否局限於高風險的範圍內執行？
2. 監察活動可否局限於某部分人士或某些時段內執行，而非全體員工或全日受到監察？
3. 監察活動可否經選擇性的或抽樣檢查，而非連續監察，已能有效達到僱主的目的？
4. 通訊監察可否局限於通訊紀錄而非通訊內容？

有關僱主監察僱員工作活動的詳盡討論，請參閱私隱專員公署發出的《保障個人資料私隱指引：僱主監察僱員工作活動須知》。

問題四：僱主要求僱員經由直屬上司及總經理將其病假申請文件交予人事部。若僱員不希望直屬上司及總經理知道病況，可否略過他們而直接把病假申請文件交給人事部？

一般來說，僱主只須獲得申請病假所需的最低限度的資料（例如病因及醫生建議的病假日數），以核實僱員有資格申請病假，並應只讓獲授權的人員以「需要知道」的原則查閱有關資料。至於有關遞交文件的流程，每家公司有其個別情況及行政安排，不能一概而論。

但一般而言，公司的管理層及僱員的直屬上司應有需要知道僱員的健康狀況，以就其工作內容、工作量及人手調配等事宜作出安排。

問題五：僱主以僱員申請病假較其他同事多為由，要求該僱員提供詳細病歷，並表示如不提供便可能遭到解僱。僱主的上述行為有否違反《私隱條例》的規定？

每宗個案均有其獨立情況，不能一概而論。過往曾經有案例[1]指，由於涉案僱員的健康情況會對僱主向客戶所提供的服務構成影響，故此法庭認為僱主有理由要求申請病假較多的僱員提供詳細病歷。而該案中的僱主告知僱員不提供資料的後果（例如要面對紀律聆訊等）是符合《私隱條例》的保障資料第 1(3) 原則的規定。

問題六：僱主可保留與僱傭有關的個人資料多久？

根據私隱專員公署發出的《人力資源管理實務守則》，僱主可保留落選求職者的個人資料不超過兩年，由落選日起計。至於離職僱員方面，則可由離職日起計保留個人資料不超過七年。僱主如有具體理由或已取得有關個人的明示同意，則可保留該資料一段較長時間。

1　*Cathay Pacific Airways Limited v Administrative Appeals Board & Privacy Commissioner for Personal Data* [2008] 5 HKLRD 539（高院憲法及行政訴訟案件 2008 年第 50 號）。

問題七：僱主在僱員離職時沒有給予評介信，僱員是否可以透過行使查閱資料的權利要求僱主提供評介信？

僱員有權透過查閱資料要求取得僱主所持有關於他的個人資料的複本。若僱主從未替僱員提供評介信，即使收到查閱資料要求，也無須因此特別為僱員撰寫評介信，以依從查閱資料要求。

問題八：僱主擬向另一機構提供現職或前僱員的評介資料，是否須先取得他們的同意？

由於所持有的現職或前僱員的資料，最初是公司就其人力資源管理目的而收集，而不是為了向其他機構提供評介資料而收集的，因此在提供評介資料之前，應先直接或透過該機構取得有關僱員的同意。

問題九：一位已離職十餘年的僱員向僱主提出查閱資料要求，索取任職期間的薪金紀錄，僱主經查找後發現仍然保留有關紀錄，但卻同時意識到保留年期已超出了《人力資源管理實務守則》訂明僱員離職七年內銷毀紀錄的規定。僱主應即時銷毀該些紀錄，抑或依從該查閱資料要求？

資料使用者在收到查閱資料要求時，如仍持有所要求的個人資料的話，除非《私隱條例》下另有豁免，否則便應向要求者提供有關資料。因此，僱主應首先向該僱員提供該些紀錄以依從其查閱資料要求，然後在切實可行的情況下盡快銷毀所有儲存過久的人事紀錄。

2. 物業管理

我們每天都會進出不同樓宇及場所，你可知個人資料私隱也是物業管理方面不能忽視的一環？這方面的知識，你又知道多少呢？

問題一：物業管理公司可否登記訪客的身份證號碼？

身份證號碼屬性質敏感的個人資料，任何資料使用者都只應在符合《私隱條例》及私隱專員發出《身份證號碼及其他身份代號實務守則》列明的情況下，才收集身份證號碼。為保安理由，物業管理公司有需要監察獲准許進入大廈的訪客。一般來說，物業管理公司應在可行的情況下，讓訪客選用其他侵犯私隱程度較低的方法，以代替提供身份證號碼，例如接受訪客以其他身份證明文件登記，或致電受訪業戶識辨訪客身分等，並只應在上述方法不可行及有確實需要的情況下才登記訪客的身份證號碼。

問題二：訪客的個人資料可以保留多久？

在一般情況下，訪客登記冊內的個人資料不應保留超過一個月。不過，也有情況需要將有關資料保留一段較長的時間，例如資料需用作舉證用途，或協助警方調查不法活動等。

問題三：物業管理公司應否收集住戶智能卡申請人的身份證號碼，以處理智能卡的申請？

一般而言，收集住戶智能卡申請人的姓名、單位號碼及聯絡電話已足夠讓物業管理公司核實申請人的身分及處理其申請。

由於獲授權使用住戶智能卡人士的身分可透過有關業主追查及識辨，物業管理公司在住戶智能卡申請表上收集獲授權人士的姓名及聯絡電話號碼一般已足夠達到追查身分的目的，收集獲授權人士的身份證號碼並非必需。

問題四：物業管理公司可否收集使用屋苑公眾停車場的駕駛人士的個人資料，以協助調查停車場內發生的汽車失竊事件，或以此起阻嚇作用？

物業管理公司應採用其他較不侵犯私隱的方法來打擊偷車問題。例如在發給進入停車場的駕駛人士的「出閘證」上記錄其車牌號碼，讓停車場出口的保安員在車輛駛離停車場時收回及核實；或拍下進入停車場車輛的車牌號碼，以確保是同一車輛使用同一泊車票離開停車場。同時，物業管理公司應提醒車主不要把「出閘證」或泊車票遺留車內。

問題五：「業戶 A」因事正向「業戶 B」興訟索償。「業戶 A」表示某段保安錄影片段（內載「業戶 A」、「業戶 B」及其他途人的影像）可作為有關訴訟的佐證。物業管理公司是否可以向「業戶 A」提供有關片段？如可以的話，在提供片段之前是否需要刪去片段中其他途人的影像？

物業管理公司可以考慮引用《私隱條例》第 60B 條下的豁免條文向「業戶 A」提供上述錄影片段予法庭考慮以作佐證。根據一宗法庭判例 [2]，資料使用者無須改動因引用《私

2　*Chan Yim Wah Wallace v New World First Ferry Services* [2015] 3 HKC 382（高院人身傷亡訴訟案件 2013 年第 820 號）。

隱條例》第 60B 條而向訴訟相關的一方所披露的文件，故此無須刪去片段中其他途人的影像。

問題六：業主立案法團須在大廈內顯眼的地方張貼告示，以通知所有業主與法團有關的訴訟。假如訴訟的另一方是一名個人，法團張貼的告示應否載有該人士的個人資料？

凡法團屬任何法律程序的一方，法團須在大廈的顯眼處展示載有該法律程序的詳情的通知 [3]，而有關通知一般包括訴訟各方的身分、案件編號、審理案件的法院、案件性質，及申索的金額或尋求的補救。當中身份證號碼及其持有人的聯絡資料（如電話號碼及電郵地址）應該遮蓋，不應於公眾地方展示。過度披露個人資料，例如一封投訴法團的信件，上面載有投訴人的電話號碼或一張載有所有逾期繳交管理費的業主姓名的名單，可能會違反保障資料第 3 原則的規定。

問題七：某業主將一張「根據《業主與租客（綜合）條例》提出的申請通知書」張貼在物業門外以收回物業，當中載有租客的姓名及住址等個人資料，此舉是否違反《私隱條例》？

有關的通知書是依據《業主與租客（綜合）條例》[4] 下訂明的送達方式而張貼的，是該法例所要求的，通知書上的個

3　《建築物管理條例》（香港法例第 344 章）第 26A 條。
4　香港法例第 7 章。

人資料可根據《私隱條例》第 60B 條獲豁免而不受保障資料第 3 原則所管限，故沒有違反《私隱條例》[5]。

問題八：某業戶向物業管理公司投訴另一業戶，物業管理公司在處理投訴的過程中，應否向後者或第三者披露前者的身分？

物業管理公司應該先告訴投訴人，這些資料會用於處理投訴有關的事宜，以及可能會向哪些人士披露（例如轉介予政府部門跟進），並尊重投訴人的意願行事。為避免誤會，物管經理可在轉介投訴個案予第三者前，先取得投訴人的書面同意。

如果不披露投訴人的身分對處理該項投訴沒有影響的話，物業管理公司便應視乎投訴人的意願行事。相反，如果不披露有關資料便無法跟進的話，物業管理公司便應向投訴人解釋，以便投訴人自行決定。

---

3. 直接促銷

相信你每天都收到不少直接促銷的資訊，但你對《私隱條例》規管直接促銷活動的認識又有多少？自 2013 年 4 月 1 日，經修訂

5　在一宗土地審裁處處理的租務糾紛（LDPD 2016 年第 2161 號）中，法官明確指出《土地審裁處規則》（香港法例第 17A 章）第 7A 條規定任何要求作出收回物業命令的申請人，在向司法常務官提交有關申請通知書後，須在切實可行的範圍內盡快將該通知書副本張貼在物業的顯眼處或入口；而通知書上的個人資料可根據《私隱條例》第 60B 條獲豁免而不受保障資料第 3 原則所管限。

的《私隱條例》中關於使用個人資料作直接促銷的條文開始生效，
違反這方面的條文即屬犯罪。

問題一：常見的直接促銷活動例子有哪些？

例子有：

- 電訊服務供應商以電話聯絡現有客戶推廣升級服務；
- 美容院致電指定人士提供免費美容療程；
- 銀行在寄給個別客戶的月結單內附上慈善機構的捐款表格；
- 專業團體在寄給會員的通訊內附上該團體的推廣優惠，或該團體與夥伴機構聯合品牌的推廣優惠；
- 健身中心以電郵通知會員新課程的折扣優惠；及
- 教育機構以電郵向學生介紹最新的收費課程。

問題二：哪些推廣或宣傳活動不受《私隱條例》規管呢？

- 服務供應商發送短訊通知現有客戶其服務合約期限快將屆滿，並提供查詢熱線；
- 送交某地址或某地址的「住戶」（而非指名特定人士）的推銷郵件；
- 康體中心在其網站張貼活動單張吸引公眾人士參與；
- 客戶服務經理面對面向顧客介紹產品／服務（但如果客戶服務經理其後使用該顧客的個人資料向他送達推廣資料，則屬直接促銷）；
- 銀行向現有客戶寄送超級市場禮券以表謝意。

問題三：假設你是某銀行的客戶。有一天該銀行的職員致電向你推介貸款服務，並以你的姓氏稱呼，這可算是直接促銷？若你不是該銀行的客戶，又應如何應對呢？

雖然單憑姓氏本身或不構成個人資料，但由於你是該銀行的客戶，該銀行可能持有你的其他個人資料，並使用了那些資料（例如你的姓名及電話號碼）致電向你推廣，故屬《私隱條例》下的直接促銷的規管範圍。

如你從沒有使用該銀行的任何服務，同時對於該銀行是否曾授權來電者存疑，你應避免向對方披露任何個人資料，並於稍後致電該銀行求證。如有關來電涉及偽冒銀行職員詐騙，你應考慮報警求助。

問題四：假設你曾光顧一間時裝店，向店員留下手機號碼及其他個人資料作登記會員之用。其後，該時裝店致電向你宣傳減價促銷活動。該時裝店是否違反《私隱條例》？

這要視乎該時裝店在向你進行直接促銷前，是否已告知你其促銷的意圖，並且以口頭或書面清楚向你提供下列資訊：

- 打算把你的個人資料作直接促銷用途；
- 除非得到你的同意，否則不會把你的個人資料用於上述用途；
- 擬使用的個人資料的種類；
- 擬向你促銷的貨品、設施或服務的類別；及
- 提供回應途徑讓你在無須繳費的情況下表明同意。

該時裝店必須在向你提供上述資訊後並取得你的明確同意，才能使用你的個人資料作直接促銷之用。

問題五：假設你曾參加某商場舉辦的抽獎活動，提供了姓名及聯絡電話號碼。其後，你收到一所度假村的職員的促銷來電，詢問之下，得知職員是從該商場取得你的個人資料。該商場的做法是否違反《私隱條例》？

該商場在轉交你的個人資料予第三者（即該度假村）之前，必須以書面告知你他們有此打算，向你提供類似他們擬使用你的個人資料作直接促銷前所提供的資訊，並須進一步提供：

- 該商場須收到你的書面同意，方可這樣轉移你的個人資料；
- 你的資料是否為得益而轉移；及
- 該商場擬向甚麼類別的人士提供你的資料。

此外，該商場必須取得你的書面同意，才能將你的個人資料轉交該度假村供他們作直接促銷之用。

問題六：如果僱主要求你向客戶撥打直接促銷電話，你是否需要為違反《私隱條例》規定的直接促銷活動負責？

《私隱條例》並非只針對機構，同時亦適用於個人。假如僱員是聯同僱主共同控制客戶的個人資料，在由僱員向客戶進行的直接促銷活動中，僱員及僱主同屬資料使用者，都必須遵守《私隱條例》有關直接促銷的規定。以一宗法庭個案為例[6]，一名地產代理被指沒有依從資料當事人的拒收直接促銷訊息要求，在客戶向地產公司提出了拒收直

6　見本書第 3 章「誰是『資料使用者』」更詳細分析此案。

接促銷訊息要求後，仍致電該客戶查詢他是否有意放售物業，最終地產代理被裁定違反《私隱條例》。

在你按僱主指示致電客戶進行促銷時，請緊記必先要核對僱主所備存的拒收直接促銷訊息的客人名單。如你因沒有核對拒收名單而聯絡拒收名單中的客戶作出直接促銷，便可能須負上刑事責任。

問題七：我們可否要求機構停止直接促銷呢？應怎麼提出拒收直接促銷訊息要求？

根據《私隱條例》，你可隨時向持有你個人資料的機構提出：

- 停用你的個人資料作直接促銷用途；
- 停止將你的個人資料交給其他人／機構以作直接促銷之用；及
- 通知獲轉移個人資料的一方，停用你的資料進行直接促銷。

拒收直接促銷訊息要求自動取代你之前所給予的同意。如機構在收到你的拒收直接促銷訊息要求後仍向你發出直接促銷資訊，便屬違法。

你可以口頭或書面作出要求。不過最好以書面提出，以免訊息誤傳或被誤解。另外，你也應保留書面要求的複本作為紀錄。

問題八：假設你已向網絡服務供應商提出拒收直接促銷訊息要求。其後，你仍收到他們的來電通知服務合約期限即將屆滿，並向你推廣服務。該供應商有否違法？

該公司提醒客戶合約期限即將屆滿屬售後服務的一種，並不屬於直接促銷，但如該公司藉此機會向你推廣其服務則屬於直接促銷，向已提出拒收直接促銷訊息要求的客戶作直接促銷屬違反《私隱條例》的規定。理想的做法是服務供應商以統一的書面方式通知客戶有關約滿日期及約滿後的安排，以免涉及人為過失或個別銷售人員有越界行為，並須注意通知的措詞以避免構成要約提供任何產品或服務。這樣可達到提醒客戶的目的，服務供應商又能合乎《私隱條例》中有關免責辯護的要求（即已採取所有合理預防措施，並已作出一切應作出的努力，以避免違反有關直接促銷的規定）。

問題九：如果你收到某機構的直接促銷電話，但你與此機構從沒有任何交易，在這情況下，你可否要求機構交代你個人資料的來源？

你可向該機構詢問個人資料的來源，但該機構沒有法律責任告知你。如你不想該機構繼續使用你的個人資料進行直接促銷，你可以行使拒收直接促銷訊息的權利。

4. 在家工作

　　今時今日，在家工作逐漸成為新常態。這對保障個人資料帶來甚麼挑戰？僱主及僱員應如何應對？

問題一：僱主計劃實施在家工作，應該怎麼管理當中的私隱風險？

　　計劃實施在家工作的機構，應先評估有關安排對資料保安及僱員個人資料私隱構成的風險，從而制訂合適的保障措施。機構應按照風險評估的結果，審視現有政策及常規，作出適當的修訂，以及為僱員提供充足的指引。

　　所有機構作為資料使用者都必須遵守《私隱條例》的規定，不會因為機構的辦公模式改變而有差異。例如，機構在實施在家工作安排時，同樣應為在家工作制訂清晰的資料（包括個人資料）處理政策。僱員在家工作期間亦應遵守僱主的有關政策，情況就如在辦公室工作一樣。

問題二：僱主應如何支援在家工作的僱員？

　　機構應為在家工作的僱員提供足夠培訓，以確保資料（包括個人資料）安全。相關的培訓及支援可包括資料保安的方法（例如密碼管理及安全地使用 Wi-Fi 等）。此外，機構應指派專責的職員解答在家工作僱員的疑問和提供適切的支援。

問題三：作為僱員，在家工作有甚麼需要留意？

　　你應避免於公眾場所工作，以免意外地將資料洩露給第三方。如無可避免需在公眾場所工作，應使用防窺濾片以保障熒幕上顯示的資料，並避免使用公共 Wi-Fi。

此外，你應避免從辦公室帶走載有個人資料或限閱資料的文件。如你有必要將紙本文件帶回家中工作，應先取得上司的批准，並採取適當的保安措施保障資料，例如於離開辦公室前先遮蓋或移除紙本文件中的個人資料、限閱資料及其他非必要資料，在家中將文件儲存於上鎖的儲物櫃或抽屜，以及將不再需要的文件送回辦公室處理等。

問題四：僱主如為在家工作的僱員提供電子裝置，有甚麼需要注意？

機構如為在家工作的僱員提供電子裝置（如智能電話和手提電腦），應採取措施確保儲存於電子裝置內的資料安全，例如：

- 安裝防惡意程式軟件、防火牆及最新的保安修補程式，並定期更新系統；
- 為電子裝置內的資料加密；
- 設定嚴格的存取控制，例如要求使用高強度密碼（例如至少為八個字元，並應包括大小楷字母、符號及數字）、使用多重身分認證，並且防止從公司的裝置轉移資料至個人電子裝置；
- 開啟遙距資料抹除功能，當電子裝置遺失時可遙距刪除儲存在裝置內的資料；及
- 避免在電子裝置上展示機構的名稱及標誌。

問題五：作為僱員，你應如何管理僱主提供給你作在家工作用途的電子裝置？

你應只使用公司裝置處理公事，並採取保安措施以保護電子裝置及儲存在內的資料，例如：

- 設定高強度及獨特的密碼，並定期更改密碼；
- 不應在公司裝置上接駁或使用個人設備（例如私人 USB 記憶體）；
- 如需使用便攜式儲存裝置，應將裝置內的資料加密；
- 不與家人共用公司裝置；
- 無須使用電子裝置時，關掉或鎖上它；及
- 遺失公司裝置時應立即通知僱主。

問題六：在家工作較常會用到虛擬私人網絡（VPN），當中有甚麼需要注意？

為確保 VPN 的安全，機構應採取以下措施：

- 連接 VPN 時使用多重身分認證；
- 及時更新 VPN 平台的保安設定；
- 採用適當技術為僱員電子裝置與公司網絡之間建立安全通訊渠道；及
- 封鎖不安全的電子裝置。

問題七：在家工作期間，經常會使用視像會議軟件進行會議。僱主在選擇和使用視像會議軟件時有甚麼需要注意？

機構應審視及評估不同視像會議軟件在保安及保障個人資料私隱方面的政策和措施，並按需要選用合適的軟件。若要透過視像會議討論機密事宜，應考慮使用提供端對端加密的視像會議軟件。

使用視像會議軟件時，機構應採取適當的保安措施，例如：

- 妥善管理帳戶，設定高強度密碼並定期更改密碼。如視像會議軟件提供多重身分認證功能，應啟用有關功能；

- 確保視像會議軟件是最新版本，並安裝最新的保安修補程式；及
- 連接安全可靠的網絡以進行視像會議。

問題八：主持視像會議時，應如何確保會議期間的保安及保障個人資料私隱？

你可採取以下措施：

- 為每個會議設定高強度並獨特的會議登入編號，只將登入編號及密碼提供予與會者；
- 安排副「主持人」協助處理技術問題及其他突發事件；
- 使用虛擬等候室功能，在准許與會者加入會議前先核實他們的身分；
- 只允許有需要作匯報的與會者分享屏幕及文件；
- 如需錄影會議，應在開始錄影前明確通知與會者，並取得他們的同意，禁止其他與會者在會議期間進行錄影；及
- 妥善儲存所有與會議相關的紀錄（例如會議的錄影檔案及與會者的對話訊息）。當不再需要有關紀錄時，應盡快刪除。

---

5. 閉路電視及航拍機

在公眾地方或大廈範圍內使用閉路電視作保安用途，甚至以無人機或航拍機作監察攝錄等行為越趨普及，市民在使用有關科技產品時需要注意什麼，以避免侵犯他人私隱呢？

問題一：機構或市民在安裝閉路電視前或使用航拍機時，需要注意甚麼呢？

閉路電視

在安裝閉路電視前，應進行私隱影響評估：資料使用者應客觀地評估是否必須使用閉路電視，以應付當前的問題（例如監察高空擲物），並考慮是否有其他侵犯私隱程度較低的安排或方法。資料使用者應採取以下步驟：

- 在安裝或使用閉路電視前，決定使用閉路電視是否有迫切性，例如有關使用是基於公眾利益或公眾安全；
- 了解有否其他侵犯私隱程度較低的方法，可以更好地解決問題，或該方法若同時與閉路電視一併使用，是否會更有效並減低侵犯私隱的程度；
- 確定使用閉路電視的特定目的，以及清楚界定要處理的問題。例如，公眾停車場的營運者以閉路電視監察使用者及停泊車輛的安全；
- 收集相關資料，以決定閉路電視是否可以有效地解決當前的問題。例如，物業管理公司打算以閉路電視應付高空擲物的問題時，應查閱以往發生該些事件的資料及紀錄，考慮過往使用閉路電視後是否有效地阻止或偵測該些事故；
- 評估使用高解像設備攝錄個人的仔細容貌，是否真正有需要。例如，若閉路電視只是用作監察交通流量或作人群移動管制之用，一般不需要攝錄仔細的容貌；
- 由於公眾通常沒有預期閉路電視的影像會接駁上自動識別及追蹤的系統，故當閉路電視附帶有任何面部識別功能時，便必須有強而有力的理據；
- 如切實可行的話，諮詢可能受閉路電視影響的人士，了解他們有甚麼關注；以及可以採取甚麼步驟以積極回應他們的憂慮及減低對私隱的侵犯；

- 在沒有充分的理據下，不應採用隱藏式的閉路電視來監察。應在非不得已情況下，才考慮使用；及
- 清楚釐定監察的範圍和程度。例如，應付短暫的需要時，使用永久性的閉路電視系統便不適合。

航拍機

由於航拍機能夠飛近私人處所，又能在令人難以察覺的高空位置追蹤及收集解像度高的影像，因此對私隱的侵犯尤其嚴重。航拍機使用者應顧及公眾的疑慮，並採取以下的措施：

- 如果想利用航拍機拍攝特定人士，應該事先得到對方的同意；
- 使用航拍機時應小心策劃飛行路線，以減少對他人的滋擾；
- 如航拍機意外地拍下一些無關的人物影像，應盡快刪除有關資料；
- 如影像以無線傳輸，相關傳輸應進行加密，以免被無關人士截取；及
- 讓可能受航拍機影響的人士清楚了解航拍機正在運作，例如安裝訊號燈，使附近人士容易察覺，從而建立互信。

如想了解更多如何負責任地使用閉路電視及航拍機，請參閱私隱專員公署發出的《閉路電視監察及使用航拍機指引》。

問題二：安裝了行車攝錄機的車主要注意哪些地方？行車攝錄機的影片應保存多久？

一般來說，車主使用記錄車外情況的行車攝錄機的最主要目的是為了一旦發生交通事故，可把影像作舉證之用。因

此，攝錄機能夠拍下路面行車情況便可，不必使用高解像度或附有錄音功能的攝錄機，以免拍下不相干人士的容貌，或錄下車內乘客的對話。另外，影片的保留期不應超過達到收集資料的目的，除非發生了交通事故，否則車主應避免把行車攝錄機的影片備份，以減低資料外洩的風險及影響。

現時香港的集體運輸系統以至大型公共交通工具大多已引入閉路電視系統，主要用作車站或車廂保安用途。然而，的士屬較小型的交通工具，的士乘客自然對他們在車廂中的個人私隱有較高期望。於細小的士車廂空間內安裝攝錄裝置拍攝車廂內的情況並收錄聲音及影像，並旨在或能夠識辨個別乘客的身分，及用於收集資料目的以外的用途（如上載到互聯網）的話，有關做法便有可能違反《私隱條例》下的資料收集及使用原則。

問題三：如果市民發現酒店或處所的窗外有航拍機在窗外偷拍，市民可以採取什麼措施呢？

最簡單直接的方法就是立刻關上窗簾，避免航拍機繼續偷拍室內的情況。一般而言，航拍機不應在他人合理預期有私隱的地方拍攝，例如更衣室和酒店房間內。有關做法有可能涉及以不公平的方式收集個人資料，違反《私隱條例》的保障資料第 1(2) 原則。如市民發現有關侵犯私隱的可疑行為，可以向私隱專員公署查詢或投訴。如果有人甚至將航拍機的影像或錄像上載至網上平台，視乎情況而定，更有機會觸犯與「起底」相關的罪行。

另外，根據《2021 年刑事罪行（修訂）條例》，視乎情況，相關偷拍行為有機會構成「窺淫罪」，市民可報警求助，以便警方調查航拍機機主的身分，作出調查。

問題四：在住所門外安裝閉路電視作保安用途會否違反《私隱條例》？

若閉路電視系統沒有錄影功能（相片或錄像），一般來說使用該系統未必涉及收集《私隱條例》下的個人資料，因而未必受條例規管。

若你基於保安理由而安裝閉路電視攝錄機，一般來說，當有事故發生時，機構或需查看閉路電視紀錄，並將相關片段輯錄下來作跟進用途，包括識辨涉事人物。此舉可能已構成匯集涉事人物的個人資料，符合《東周刊》一案中有關「收集」個人資料的定義，所以收集、處理及使用相關資料時均受《私隱條例》的監管。

在安裝前，你應評估是否有實際需要使用閉路電視（例如你的單位附近是否發生過滋擾或盜竊事件），以符合《私隱條例》的保障資料第1(1)原則，確保收集的資料屬必須、足夠而不超乎適度，否則應避免安裝。

一般情況下，你不應使用隱蔽式攝錄機及應避免使用錄音功能。你亦應在攝錄機附近的顯眼位置張貼告示，提醒該範圍正被攝錄，以及小心保管攝錄片段，防止外洩或被未獲授權的人士查閱或使用。

看畢上述的問與答，相信你也同意在日常生活中應用《私隱條例》的保障原來大有學問！如想進一步了解的話，可以登入私隱專員公署網址（www.pcpd.org.hk），或者聯絡公署，下載或索取資料單張或其他刊物。

索引

十畫

私隱專員公署發展里程

私隱專員公署在 1996 年成立，
至今已超過 26 年。
一直以來，公署致力透過監察、
監管及推廣遵從
《個人資料（私隱）條例》的規定，
建立保障及尊重個人資料私隱的文化。
讓我們回顧一些私隱專員公署
成立以來的重要事件。